# 고객접촉점이
# 마케팅이다

CONTACT POINT MARKETING

# 고객접촉점이 마케팅이다

펴 냄  2009년 5월 5일 1판 1쇄 박음 / 2011년 4월 15일 1판 2쇄 펴냄
지은이  정해동
펴낸이  김철종
펴낸곳  (주)한언
　　　　등록번호 제1-128호 / 등록일자 1983. 9. 30
주 소  서울시 마포구 신수동 63-14 구 프라자 6층(우 121-854)
　　　　TEL. 02-701-6616(대) / FAX. 02-701-4449
책임편집  김지원 jwkim@haneon.com
디자인  임동광
홈페이지  www.haneon.com
e-mail  haneon@haneon.com

ISBN  978-89-5596-534-6  13320

# 고객접촉점이 마케팅이다

## CONTACT POINT MARKETING

정해동 지음

한ㄹ

고객에게 답이 있습니다.
고객접촉점은 답을 찾아주는 열쇠입니다.

기업의 최우선 화두는 '수익'처럼 보이지만 실제로는 '시장'이다. 구매력이 있는 필요와 욕구를 '수요'라고 하는데, 시장은 수요를 가진 소비자나 고객들이 모인 가상의 공간이다. 그래서 시장은 수익의 원천이고, 기업은 시장을 아주 중요하게 여긴다.

시장을 중요하게 여긴다는 것은 따지고 보면 시장을 구성하고 있는 소비자나 고객을 중요하게 여긴다는 말이다. 기업의 최우선 화두가 시장이라는 말은 결국 최우선 화두가 소비자나 고객이라고 말하는 것과 같다. '시장이 있는가?', 시장이 어떻게 변해 가는가?' 하는 간단한 물음도 '수요를 가진 소비자나 고객들이 얼마나 많이 있는가?', 그들의 욕구나 필요는 어떻게 변화하고 있는가?' 하는 물음과 동일하다.

오늘날 마케팅을 아주 간단하게 '고객들의 확보와 유지(Getting & Keeping Customers)'라고 정의하는 것도 시장을 그렇게 이해하는 맥락이다. 또한 최근 통용되는 '밖에서 안으로의 전략(Outside-in App-roach)'은 소비자나 고객을 기업 활동이나 마케팅 활동의 시작점 또는 중심으로 보는 생각이다. 소비자나 고객들이 바라는 제품이나 서비스를 제공하는 과정에서도 그들의 필요와 욕구를 맞추기보다 문제를 해결해

준다는 생각을 한다. 또 신규고객도 중요하지만 기존고객을 유지하는 것이 비용 대비 효과적이고 효율적이므로 기존고객들을 유지하는 데 더 많을 노력을 기울이는 것, 브랜드와 로열티를 중요하게 여기는 것도 오늘날 마케팅의 흐름이다.

여기서 중요하게 보아야 하는 것은 고객과 기업의 활동이 서로 만나는 접촉점이다. 접촉점들을 통해 기업은 소비자나 고객들을 올바로 이해할 수 있는 실제적이고 행동 중심적인 정보를 받아들일 수도 있고, 또한 소비자나 고객들에게 기업의 활동을 효율적이고 효과적으로 전달할 수 있다. 뿐만 아니라 접촉점은 경험이 발생하는 곳이기도 하고, 커뮤니케이션 경로이며, 로열티가 생기거나 죽기도 하는 순간이고, 관계를 만들어 가는 경로이기도 하다. 그래서 접촉점에 대한 이해에 따라 기업의 활동 방향이나 마케팅 방향이 정해지는 것이다.

그러나 필자의 경험을 바탕으로 보면 아직도 많은 경영자나 마케팅 담당자, 혹은 고객관계관리(CRM) 담당자, 고객서비스 담당자, 고객에게 가치를 제공하려는 기획 담당자들은 이렇게 중요한 접촉점에 대해 충분하게 이해하지 못하고 있다. 이 책을 읽고 있는 당신도 위와 같은 업무를 담당하는 사람이라면 '고객접점', '상표접촉점(Brand Contact Points)', '진실의 순간(MOT : Moments Of Truth)', '터치포인트(Touch-Points)' 등의 단어들을 들어보았을 것이다. 사실 이들은 모두 같은 개념이다. 접촉점을 부르는 서로 다른 이름들이고, 약간의 시각 차이만 있을 뿐 같은 의미를 지니고 있다. 그런데 이름이 다르다는 이유로 완전히 독립적인 다른 개념으로 알고 있는 듯하다. 그래서 많이 혼란스러워한다. 일례로 '통합된 마케팅 커뮤니케이션(IMC)'과 '고객관계관리(CRM)'에서의 커뮤니케이션이 왜 똑같은 모습을 보이는지 이해하지 못한다. 또 '고객관계관리(CRM)'와 '고객경험관리(CEM)'가 같은 모습을 보이는 것을 혼란스러워한다. '로열티'와 '통합된 마케팅 커뮤니케이션(IMC)', 혹은 '로열티'와 '(마케팅에서의)관계'가 갖는 공통점을 간과해 버리기도 한다. 게다가 '커스터머 저니(Customer Journey)'라든가 '커스터머 매핑(Customer Mapping)' 같이 최근에 언급되는 기법들이 마치 아주 기발하거나 아주 새로운 것으로 착각하기도 한다.

필자는 2003년 1월1일부터 '커스터머인사이트'라는 회사를 운영하며 고객을 확보하고 유지하는 고객관계관리 컨설팅을 해 왔다. 또 틈틈이 경영과 마케팅에 관련된 강의를 하고 있다. 학생들은 물론 실무에서 마케팅을 하는 사람들에게 받은 질문에 대해 곰곰이 생각해 보았다. 그리고 이 '접촉점'에 대한 정확한 개념 이해가 부족해서 혼란을 겪거나 중요한 요소를 간과하게 되는 경우를 접하며 안타까움을 느꼈다.

이 책에서는 마케팅이 무엇인지 고민하고, 향상된 마케팅 방법을 찾기 위해 노력하는 사람들에게 위와 같은 혼란을 잠재워 줄 독보적인 관점을 제시한다. 이 관점의 기준은 '접촉점'이다. 사실 위와 같은 경영상의 사고방식이나 기법들은 모두 '접촉점'을 활용하고 있다. 따라서 접촉점에 대해 확실히 이해하고, 각 기법들이 접촉점을 바라보는 시각의 차이를 이해한다면 위와 같은 혼란을 겪지 않을 것이다. 또한 마케팅에 있어서 중요한 요소를 놓치는 일 또한 생기지 않을 것이다.

필자의 생각에 확신을 더하기 위해 '커스터머인사이트'의 컨설턴트들과 많은 대화를 했다. 이들 역시 하나같이 필자의 생각에 공감했다. 이러한 컨설턴트들의 의견을 최대한 수렴하여 필자가 대표로서 이 책을 쓰게 되었다. 따라서 이 책에서는 접촉점이란 무엇인지, 접촉점을 바라보는 시각들의 차이 및 그런 시각에 의해 전개되는 경영상의 사고방식이나 기법을 명확하게 설명하고자 노력했다.

1장에서는 접촉점의 의미와 찾는 방법, 분류하는 방법, 그리고 그런 접촉점을 활용하는 경영이나 마케팅 기법들에 대해서 소개했다. 어떤 마케팅 기법을 사용하든지 접촉점을 찾고, 분류하고, 결정하는 방법에 대해서는 첫 장을 읽어 참조하면 될 것이다. 2장~5장까지는 접촉점을 활용하는 경영이나 마케팅상의 기법들을 하나씩 소개했다. 로열티 강화를 위한 방법으로서의 접촉점 활용, 통합된 마케팅 커뮤니케이션을 하기 위한 방법으로서 접촉점 활용, 고객관계관리를 제대로 하기 위한 접촉점 활용, 그리고 고객경험관리를 하기 위한 접촉점 활용이 그것이다. 바로 이것이 책의 핵심이다. 마지막 장에서는 접촉점관리를 하기 위해 알아두어야 할 관련 내용을 정리하였다. 이는 모두 필자나 필자 회사의 컨설턴트들의 경험을 바탕으로 정리한 것들이다.

머리말에서 확실히 밝히자면, 이 책은 접촉점관리를 하기 위한 방법론을 소개하는 책이 아니다. 접촉점이라는 것이 어떤 것인지, 어떻게 활용되고 있는지를 명확히 설명하는 책이다. 접촉점이란 개념에 대한 충분한 이해를 통해 경영이나 마케팅상의 다양한 기법들이 갖는 공통점을 설명하는 것이 주된 목표이다. 독자들의 이해와 설명을 돕고자 중간 중간에 필요한 사례나 관련된 지식들도 소개하였다. 본문 외에 박스로 처리된 글들은 그런 의미에서 수록하였으니 참고하기 바란다.

이 책을 구성하고 쓸 때 지혜와 경험을 빌려주고 충고를 아끼지 않은 '커스터머인사이트사'의 동료컨설턴트들이 고맙다. 고객관계관리의 국내 최고 전문가인 박종규 부사장, 개념들의 논리를 잘 가름해준 임도영 이사, 매 장마다 읽어가면서 보충할 것을 전달해준 임성민 차장, 가장 크게 감사드린다. 전문가가 아니라면서 겸손하게 던지는 질문들이 오히려 전문가보다 높은 수준이어서 글 쓰는 방향에 많은 도움을 준 한언출판사의 김철종 사장님께도 감사드린다. 또 글의 각을 잡고, 미처 발견하지 못했던 부분을 채워 책을 꾸미는데 노력해 준 김지원 편집자에게도 감사드린다. 마지막으로 할아버지께서 필사본으로 남기신 동몽선습, 그 책 안에 책갈피로 사용하신 듯한 메모를 찾아 내게 주신 아버지께 감사한다. 지금까지 여러 권의 책을 쓰는 동기가 된 것이 바로 이 메모요, 아버지다. 여기, 그 메모의 내용을 적어본다.

百讀不如一誦 (백 번 눈으로 읽는 것은 한 번 소리내어 읽는 것만 못하다)

百誦不如一談 (백 번 소리내어 읽는 것은 한 번 이야기를 나누는 것만 못하다)

百談不如一論 (백 번 이야기를 나누는 것은 한 번 논리로서 주장하는 것만 못하다)

百論不如一說 (백 번 논리로서 주장하는 것은 한 번 설명하는 것만 못하다)

百說不如一講 (백 번 설명하는 것은 한 번 강의하는 것만 못하다)

百講不如一作 (백 번 강의하는 것은 한 번 책으로 쓰는 것만 못하다)

이 책이 더 나은 마케팅을 하기 위해 고민하는 녹자늘에게 도움이 되기를 바라며 다음 책의 주제가 무어냐고 미리 물어보시는 아버님께는 "오직 생각해봐야지요. 그리고 또 쓰겠습니다"라는 약속만 드릴뿐이다.

커스터머인사이트 대표이사 정해동

# Contents

# Chapter 01

# 접촉점을 알면 고객이 보인다

요즈음 기업들이 관심을 쏟고 있는 로열티 증대를 위한 활동, 통합된 마케팅 커뮤니케이션(IMC), 고객관계관리(CRM), 고객경험관리(CEM)등에는 공통점이 있다. 바로 접촉점을 활용한다는 것이다. 그러므로 접촉점에 대한 올바른 이해가 바탕이 되어야만 이 마케팅 방법들을 제대로 활용할 수 있다.

'접촉점'은 여러 가지 명칭으로 불리는데 '접점' 또는 '고객접섬', '진실의 순간(MOT)', '터치 포인트(Touch points)', '컨택 포인트(Contact points)' 등이 있다. 이름은 각각 나르시만 이들은 다른 개념이 아니다. 모두 접촉점을 바탕으로 한다는 공통점이 있으며 다만 '접촉'을 이해하는 관점이 다를 뿐이다.

이 장에서는 접촉과 접촉점에 대한 개념을 설명하고, 접촉점을 찾는 방법과 분류하는 기준에 대해서 설명한다.

## '접촉'이라는 의미

'접촉'의 사전적인 의미는 '서로 맞닿는 것, 가까이 대하거나 만나는 것'이다. 이런 접촉은 비단 경제활동에서만이 아니라 사람들의 일반생활 속에서도 일상적으로 일어난다. 두 명의 사람이 손을 맞대고 악수하는 순간은 두 사람의 손이 접촉하는 것이고, 만약 연인들끼리 키스를 한다면 연인들의 입술은 서로 접촉하는 것이다. 이렇게 피부가 닿는 직접적인 접촉만 있는 것은 아니다. 친구와 전화통화를 할 때는 전화를 하는 행위를 통해 친구와 접촉을 하는 것이다. 영어로는 '콘택트(Contact)' 정도의 단어로 표현할 수 있겠다. 이 단어를 제목으로 하는 영화도 있다. 헐리우드 배우 조디 포스터가 전파천문학자로 등장하는 영화인데, 지구인들과 외계와의 '접촉'을 보여주는 영화이다.

그런데 마케팅에서 말하는 접촉은 이렇게 일상생활에서 쓰이는 접촉과는 개념이 조금 다르다. 마케팅에서의 접촉은 포괄적으로는 '기업과 소비자가 만나는 것'을 말한다. 그런데 '기업과 만난다'는 것은 고객이 기업이 생산하는 제품이나 서비스를 직접 만나는 것뿐만 아니라, 제품이나 서비스에 대한 정보를 만나는 것, 심지어 그런 정보를 전달하는 직원들을 만나는 것까지 많은 것들을 포함한다. 다음과 같은 예를 생각해보자.

주부인 강혜자씨는 저녁 반찬으로 어묵볶음을 만들기로 하고 집에서 가까운 대형 매장을 찾았다. 판매대에 놓여 있는 여러 회사의 어묵 제품들을 살펴보고 있었다. 판매대의 가장 끝에 해동식품에서 새로 나온 어묵을 시식하는 판촉활동을 벌이고 있었다.

시식용으로 잘라 놓은 어묵을 맛보기 위해 하나 집어 들었는데, 행사를 하는 직원이 '이번에 해동제품에서 새로 나온 어묵은 식물성 기름만으로 튀긴 것이라 몸에도 좋고 맛도 고소하다' 라는 말을 해 주었다. 실제로 어묵의 맛을 보았더니 다른 어묵에 비해 고소했다. 강혜자 씨는 이 어묵을 사야겠다는 마음이 들어 한 묶음을 집어 장바구니에 넣었다.

여기서도 접촉이 발생했음을 알 수 있다. 강혜자 씨는 새로운 어묵 제품의 시식 행사를 통해 해동식품과 접촉하였고, 그 과정에서 행사 직원의 입을 통해 그 제품이 식물성 기름으로 튀겨 고소하다는 정보를 얻게 되었다. 이는 전체적으로는 판촉활동을 통한 해동식품과 소비자의 접촉이고, 세부적으로는 소비자와 행사직원과의 접촉, 소비자와 제품과의 접촉, 소비자와 제품 정보와의 접촉이다.

이런 가정주부의 생활 말고도 컴퓨터와 휴대폰 사용에 익숙한 대학생들의 생활에서도 접촉은 자주 일어난다. 또 다른 예를 생각해보자.

대학생인 김상혁 군은 자신이 사용하는 휴대폰의 버튼기능에 문제가 있다고 느꼈다. 그래서 휴대폰을 만든 회사의 홈페이지에 들어가 가장 가까운 곳의 서비스센터 위치를 파악하였다. 사흘 후 여유 시간을 이용해서 그곳을 방문하였다. 서비스를 받기 위해 신청서를 작성하였고, 휴대폰을 맡겼다가 한 시간 후 수리된 휴대폰을 받았다. 수리된 휴대폰의 버튼은 예전처럼 잘 작동되었다. 집에 돌아오는 길에 김상혁 군은 휴대폰 회사의 고객센터로부터 수리받는 데 불편함이 없었는지 확인하는 상담전화를 받았다. 며칠이 지나서 그 회사 홈페이지에 들어가 경험담을 게시판에 올렸다.

이 경우에도 여러 차례의 접촉이 일어났다. 일단 김상혁 군이 홈페이지를 통해 서비스센터 장소에 대한 정보를 얻었다. 그리고 서비스센터에 방문해서 수리를 받는 동안 고객인 김상혁 군과 서비스센터의 직원들이 접촉했다. 또한 고객인 김상혁 군이 서비스 신청서를 작성하는 과정도 접촉의 하나라 볼 수 있다. 신청서의 내용을 바탕으로 회사가 고객의 상태를 파악할 수 있기 때문이다. 수리 후에도 고객센터의 확인전화를 통해 김상혁 군과 회사 쪽 상담원과의 접촉이 있었다. 김상혁 군은 전화 내용을 통해 '자신이 애프터서비스를 받았다는 사실을 휴대폰 회사가 알고 있다' 는 정보를 접할 수 있었다.

위의 두 가지 예는 모두 가상의 예이기는 하지만 주변에서 흔히 볼 수 있는 마케팅 상황에서의 접촉이다. 이런 접촉을 통해 소비자들은 상표나 제품 혹은 서비스에 대해서 정보를 얻을 수 있다. 또한 서비스를 받는 과정에서의 경험도 겪게 된다. 즉, 접촉이라는 것은 통합적으로 '소비자가 제품이나 서비스, 혹은 제품이나 서비스가 관련된 시장에서 정보를 얻게 되는 경험' 이라고 정의할 수 있다. 쉽게 말해 소비자가 상표(Brand)에 대한 정보를 얻을 수 있는, 상표에 대해 겪게 되는 모든 것들을 말하는 것이다.


## 왜 '접촉점'이 중요한가?

'접촉점'이 중요한 이유는 접촉을 통해서 고객들을 파악하거나 이해할 수 있기 때문이다. 이는 의사가 환자를 진찰하는 방법에 있어서도 마찬가지다. 의사들이 환자를 진찰할 때 엑스레이 등 기술이 뒷받침되는 기계만 사용하는 것은 아니다. 눈으로 보는 '시진'이나 손으로 만져보는 '탐진', 어디가 어떻게 불편한지 물어보고 대답을 듣는 '문진' 등이 있다. 이와 마찬가지로 고객을 이해하는 방법에 있어서도 시진이나 탐진 혹은 문진처럼 상태를 직접 파악하는 경로가 있는데, 이것이 바로 '접촉'이라는 것이다.

'접촉점'이란 이런 접촉이 발생하는 순간의 경로를 말한다. 접촉점을 줄여서 '접점'이라고 부르기도 한다. '접촉'이 기업과 고객이 서로 만난다는 일반적인 의미를 담고 있는 말이라면, '접촉점'은 기업과 고객이 만나는 실제적인 경로를 말한다. 이러한 접촉은 상품이나 상황에 따라 기업마다 다르고, 수없이 많이 발생할 수 있기 때문에 '접촉이란 이러이러한 것이다'라고 단순하게 규정짓기는 어렵다. 또 이렇게 수없이 많이 발생하는 모든 접촉들이 다 중요한 것이 아니라 이 중에서도 실제적인 경로만이 중요하다.

실제적인 경로도 기업이 제공하는 것과 기업이 제공하지 않는 것으로 나누어 볼 수 있다. 기업의 광고, 판촉활동, 서비스, 텔레마케팅 등은 모두 기업이 제공하는 것이다. 반면 친구로부터 상품이나 서비스에 대한 이야기를 들었다거나, 혹은 친구가 상품을 사용하는 것을 보았다거나 하는 경험은 기업이 제공하지 않는 접촉점이다. 이 중 더 중요한 것은 무엇일까? 바로 기업이 제공하는 접촉점이다. 기업이 제공하지 않는 접촉점들은 기업의 입장에서 통제할 수 없다. 마케팅과 연결시킬 수 있는 접촉점은 기업이 제공하는 범위 안에서의 접촉점이다. 따라서 고객이 기업이 제공하는 것에 접촉하는 경우는 그렇지 않은 경우보다 중요하다.

기업이 제공하는 '접촉점'은 기업이 접촉을 통제할 수 있으며, 그것은 곧 관리가 가능하다는 의미다. 따라서 모든 기업은 자신들이 제공하는 활동에서 고객과의 접촉이 일어나는 경우를 잘 관리해서 활용하려고 한다. 이것이 모든 기업의 기본적인 입장이다. 이러한 기업의 생각과 활동을 '접촉점 관리' 혹은 '접점관리'라고 한다. '고객'이란 단어를 붙여서 '고객접촉점관리'나 '고객접점관리'라는 말을 사용하기도 하고, '상표'라는 단어를 붙여서 '상표접촉점관리' 혹은 '상표접점관리'라고 부르기도 한다.

접촉점을 관리하기 위해서는 고객이 접촉하는 접촉점들을 기업 입장에서 통제하고 관리하는 것이 중요한데, 이보다 선행되어야 할 것이 있다. 바로 '고객의 정보를 받아들이는 체계가 있어야 하는가, 없어도 되는가' 하는 문제의 파악이다.

**고객정보를 받지 않는 접촉**

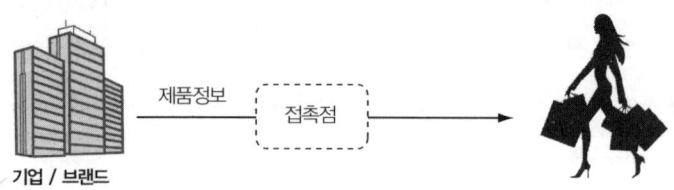

**고객정보를 받는 접촉**

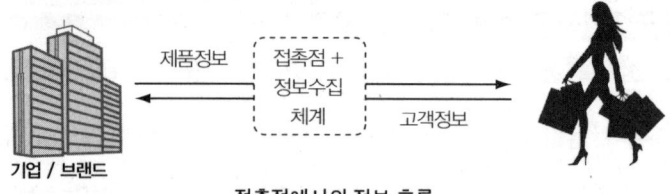

접촉점에서의 정보 흐름

고객정보를 받지 않는 접촉이라도 접촉관리를 할 수 있다. 물론 정보가 없는 만큼 관리가 어렵지만 그래도 가능하다. 따로 접촉점에 대해 조사하고, 그에 따른 고객들의 반응 등 조사결과를 활용하여 관리할 수 있는 것이다.

고객정보를 받는 경우에는 접촉점에서 고객정보를 수집할 수 있는 체계가 필요하다. 고객들에게 고객카드를 발급해서 활용하는 회사들이나 고객관계관리를 따로 실시하는 회사들은 이미 이런 체계가 만들어진 상태라고 보면 된다. 그런데 이런 체계를 만드는 데 비용이 만만치 않게 든다. 따라서 고객접점관리를 위해 정보수집체계를 갖출 것인가, 아니면 갖추지 않을 것인가를 결정하는 것도 중요한 의사결정이 된다.

점점에서 고객정보에 대한 수집체계가 있건 없건 간에 가장 중요한 것은 '고객접촉점관리'를 해야 한다는 것이다. 왜냐하면 접촉점에 다음과 같은 의미가 있기 때문이다.

## '고객중심'의 활동을 실현한다

오늘날 기업에서 가장 중요한 화두는 바로 '고객'이다. 마케팅이라는 분야 자체의 정의를 할 때 '(수익을 내는)고객의 확보 및 유지가 곧 마케팅이다'[1]라고 설명하기도 한다. 고객을 기업 활동의 견인 역할로 보고, 고객이 바라는 제품이나 서비스를 생산하고 유통·관리하자는 생각인 '고객주도(Customer Driven)'라는 용어도 있다. 또 고객을 기업

---

1. Getting & Keeping Profitable Customers. 이는 마케팅에 대한 새로운 생각이다.

활동의 중심으로 봐야 한다는 '고객중심(Customer Centric)'이나 혹은 모든 기업 활동을 고객에게 초점을 맞추어야 한다는 '고객초점 (Customer Focused)'과 같은 말들이 생겨난 이유도 고객이 그만큼 중요하기 때문이다.

재미있는 점은 최근의 마케팅에서 '고객지향(Customer Driven)'이라는 생각을 버리고 있다는 것이다. 고객지향적 사고방식의 가장 기본적인 것은 '고객의 수요에 맞춰서 제품이나 서비스를 제공하는 것'이다. 그런데 점차 이런 생각을 버리고 있다. 고객의 입장에서 생각한다는 점은 변함없다. 그러나 이것만으로는 부족하다. '고객지향'에서 생각하는 고객이란 '제품이나 서비스를 사용하는 사람'이었다. 지금은 여기서 더 나아가 고객을 '어떤 욕구가 있는 사람, 그 욕구를 해결하기 위해 제품이나 서비스를 사용하는 사람'으로 보고 있다.

그래서 제품이나 서비스를 탐색하고 구매하고 사용하는 전체과정에서 기업이 고객의 욕구를 해결해 주어야 한다고 생각한다. 또 이런 생각을 실현하기 위해서 기업의 역량이 고객이 주도하는 대로 변해야 한다고 생각한다. 이것이 바로 '고객주도' 또는 '고객중심'의 사고방식이다. 이런 사고를 한마디로 극명하게 보여주는 표현이 있다. 바로 '제품을 팔지 말고, 솔루션을 팔아라!'이다. 소비자나 고객주도, 혹은 고객중심의 사고를 실현하기 위해서는 소비자나 고객을 이해하는 것이 매우 중요하다. 여기서 접촉점이 큰 역할을 한다. 접촉점은 소비자나 고객을 이해하는 데 아주 중요한 경로일 뿐만 아니라 기업의 활동을 고객에게 전달하는 중요한 경로이기도 하다. 그래서 접촉점을 관리하는 것은 기업의 마케팅에 있어서 매우 중요하고 필수적인 일인 것이다.

| | Oriented / 지향 | Driven / 주도 |
|---|---|---|
| 기본개념 | 최종 산출물인 제품과 서비스를 소비자나 고객의 욕구에 맞도록 생산, 개선 | 소비자나 고객의 욕구에 맞도록 기업활동의 전 부문을 수정 및 개선 |
| • 목표 | 최상의 제품이나 서비스 (Best products) | 최상의 방안(Best solutions) |
| • 주요 제안 | 신제품(New products) | 제품+개인화된 서비스나 제품, 교육, 지원 등 |
| 중요한 소비자 / 고객 | • 신상품에 쉽게 반응하는 초기 수용자들(Innovators, Early adaptors)<br>• 상품의 Portfolio를 만드는 것이 중요 | • 이익을 많이 실현해주는 소비자 / 고객들(Loyal customers)<br>• 소비자 / 고객층의 Portfolio를 만드는 것이 중요(이익률, 유지율, 구매단가 등등) |
| 측정하는 성과 | • 분기별, 연간 매출, 전년 동기대비 비율<br>• 시장점유율 | • 소비자 / 고객만족도<br>• 우수고객의 확보율이나 점유율<br>• 소비자 / 고객의 생애가치(LTV)<br>• 소비자 / 고객 유지율(Retention rate) |
| 조직 문화 | • 제품개발에 비중(새로운 아이디어 상품, 실험 등에 열심)<br>• 제품의 새로운 사용기회 개발<br>• 판매자 중심의 사고 | • 고객에 대한 이해에 비중 (만족을 위한 상품 구성, 서비스 개선, 경험의 개선)<br>• 고객과의 관계와 경험을 개선하는 방안<br>• 구매자 중심의 사고 |
| 근본적 차이점 | • 기업의 역량에서 시작하여 소비자 / 고객의 Needs에 맞추어 집중하려는 사고방식 | • 소비자 / 고객의 **Needs**에서 시작하여 기업의 역량을 집중 및 수정하려는 사고방식 |

고객지향과 고객주도 사고의 비교

## 집촉점은 기업의 전반적인 활동을 포함

접촉점이 중요한 또 한 가지의 이유는 기업의 전반적인 활동과 밀접한 관련이 있다는 것이다. 접촉점과 기업 활동의 관계를 알기 위해서는 다양한 접촉점들을 구분해 볼 필요가 있다. 앞에서 고객들이 기업의 활동을 만나서 경험하게 되는 현상을 '접촉' 이라고 하고, 이러한 접촉을 이끌어내는 경로를 '접촉점' 이라 한다고 정의했다. 정의만으로 보자면 접촉점의 범위는 매우 넓다. 수만 가지의 활동과 현상이 일어나는 경로가 모두 접촉점일 수 있다. 하지만 접촉점들이 아무리 많아 보여도 크게는 다음과 같이 세 가지 영역으로 구분해 볼 수 있다.

첫째, 제품과 서비스 그 자체의 영역이다. 소비자나 고객들이 상표나 제품에 대해 가장 처음 접하는 부분은 어디일까? 물리적인 측면이다. 제품이나 상표의 크기, 무게, 색상 및 디자인, 기능 등이 여기에 속한다. 이는 제품의 본질적인 면에 해당한다. 비단 제품이나 상표뿐이 아니다. 서비스에서도 이런 본질적인 것들이 있다. 고객이 직접 겪고 판단하게 되는 내용으로 안내 데스크의 위치, 청결성, 대기장소, 대기장소에서의 읽을거리, 키오스크와 같은 정보서비스기기 등이 그것이다.

두 번째는 제품이나 서비스가 고객에게 전달되는 과정에서 접촉하게 되는 사람이나 시스템이다. 영업사원이나 안내사원, 콜센터 직원 등을 말하기도 하며 온라인 게시판, 배송 및 반환을 위한 직원, 애프터서비스 직원 등등을 말한다. 이런 것들은 정보를 제공하거나 정보를 받아들이는 어떠한 체계가 있게 마련이어서 서로 유기적으로 움직이는 시스템적인 속성이 있다. 제품이나 서비스가 그 자체가 본질적이고 본래적인 접촉점들이라면, 고객과 접촉하는 사람이나 시스템은 이처럼 본래적인 것들을 소비자나 고객에게 전달하는 과정에서 생기는 접촉점들이다.

세 번째는 바로 커뮤니케이션이다. 제품이나 서비스 그 자체에 포함되는 것이면서도 전달되는 과정에서도 포함된 것이다. 제품 소개서나 서비스 소개서, 브랜드를 위한 홈페이지의 구성이나 정보 내용, 다운로드

받는 사이트, 점원의 억양이나 말투, 전달되는 설명 등등 거의 모든 형태의 커뮤니케이션을 말한다.

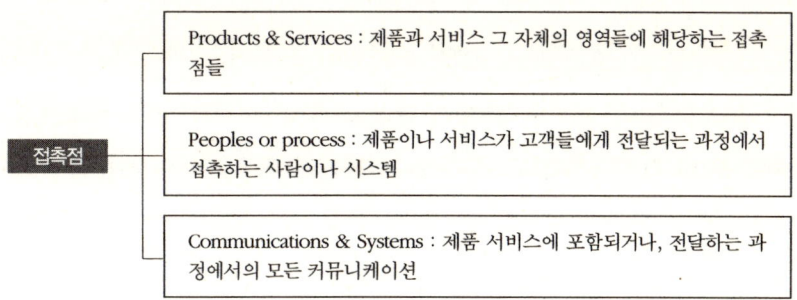

접촉점

Products & Services : 제품과 서비스 그 자체의 영역들에 해당하는 접촉점들

Peoples or process : 제품이나 서비스가 고객들에게 전달되는 과정에서 접촉하는 사람이나 시스템

Communications & Systems : 제품 서비스에 포함되거나, 전달하는 과정에서의 모든 커뮤니케이션

**접촉점의 세 가지 종류**

이렇게 접촉점을 세 가지로 구분해 보았는데, 가만히 들여다보면 접촉점 뿐 아니라 기업이 고객에게 제공하는 기업 활동의 전체를 구분해 본 것과 같다고 볼 수 있다. 이렇게 구분해 보는 이유는 고객주도 혹은 고객중심적인 전략을 수립하는 데 있어서 과업이나 과제를 보다 명확하게 정의하기 위해서이다. 또한 이러한 구분은 각 과업이나 과제를 실시할 담당부서를 정하거나, 성과측정을 위한 방안으로 무엇을 택하는가 하는 문제를 결정하는데 도움을 준다.


## 접촉점 찾기

접촉점이란 접촉활동이 일어난 그 순간 정보를 얻거나 경험하게 되는 경로를 말한다. 그러므로 접촉점인지 아닌지 판단하기 위해서는

'소비자가 제품이나 서비스, 혹은 제품이나 서비스가 관련된 시장에서 정보를 얻게 되는 경험' 이 발생하는지 아닌지를 먼저 살펴보아야 한다. 그리고 이 경험이 발생하는 경우에 '접촉점' 이라고 판단하는 것이다.

앞의 예로 다시 돌아가 강혜자 씨의 경우를 보자. 강혜자 씨가 '판매대에 놓여 있는 어묵을 살펴보았다' 는 것은 판매대에 놓여 있는 여러 제품을 비교하여 브랜드라든가 혹은 제품의 종류나 모양, 찌개용인지 무침용인지를 살피고 제조일자나 유통기한 일자를 확인하며 신선도를 가늠하는 등 정보를 읽어보았다는 것이다. 이는 곧 제품에 대해 판단하는 두뇌작용이 일어난다는 뜻인데, 이러한 활동이 일어나는 상황이나 시점을 '접촉점' 이라고 하는 것이다.

또한 '판촉활동을 벌이고 있었다. 잘라 놓은 어묵을 하나 집어 들었는데 행사를 하는 직원이 새로 나온 어묵은 식물성 기름만으로 튀긴 것이라 고소하다는 말을 해주었고' 라는 부분을 보면 판촉활동을 진행하는 직원을 통해서 어묵에 대한 정보를 받게 되었음을 알 수 있다. 그러므로 판촉행사를 진행하는 직원 역시 접촉점이 된다.

대학생 김상혁 군의 경우도 가까운 서비스센터가 어디에 있는지 정보를 알려 준 홈페이지, 서비스센터 내에서의 신청서, 고객센터 상담원과의 접촉에서 정보를 얻게 되는 경험이 발생하였으므로 이런 것들이 모두 접촉점이 된다.

접촉점을 찾는 방법은 다음과 같이 세 가지가 있다. 첫째가 표적집단 인터뷰(FGI : Focus Group Interview), 둘째가 관찰, 셋째가 전문가에 의한 판단이다. 좀 더 자세히 알아보자.

## 표적집단 인터뷰

표적집단에 속하는 소비자나 고객들의 일부를 불러서 알고자 하는 주제에 대해서 토론하거나 이야기하게 함으로써 자연스럽게 주제에 대한 답을 찾아내는 것이 '표적집단 인터뷰'이다. 이때 인터뷰를 진행하는 진행자가 중요한 역할을 한다. 주제에 대한 답을 찾아낼 수 있도록 인터뷰를 이끌어야 한다. 다양한 의견들이 한 곳에 치우치지 않도록 하고, 의견들이 주제의 답으로 모아지도록 진행해야 한다.

접촉점을 인터뷰 과정에서 찾는 것은 소비자가 각 제품이나 서비스를 알게 된 과정이나 사용하는 과정에 대한 설명을 들으면서 가능하다. 이는 순전히 소비자나 고객의 기억에 의존하는 것이므로 소비자가 좋았던 것이나 싫었던 것 중에서 강하게 각인된 것들만 나타나게 된다. 소비자들에게 설명을 요청할 때는 대략적으로 구매나 사용과 관련된 과정을 보여주면서 기억을 촉발하도록 보조해주는 방법도 있다. 이럴 경우 단순한 기억이나 회상에 의한 것보다 더 많은 접촉점들이 나타나게 되는데, 조사자가 모르는 부분까지 나타나기도 한다.

### K 백화점

다음은 필자의 회사가 진행한 프로젝트의 내용인데, 실제 접촉점을 표적집단 인터뷰를 통해 찾아낸 예이다(해당 백화점으로부터 최종 허락을 받지 않았기에 실명을 거론하지 못한다).

- 상황 : K백화점은 쇼핑고객들에게 더 좋은 서비스를 제공하기 위해 기존에 제공하는 서비스의 적합성을 파악해보거나 새로운 서비스를 찾아내기로 하였다. 백화점 고객들을 구매의 특성과 구매를 통한 고객가치, 지역 등을 기준으로 이미 여러 계층으로 분류하고 있는데, 각각의 계층에 해당하는 고객들을 모아 의견을 들어보기로 하였다.

- 조사 : 작업을 진행한 C사는 우선 백화점 고객들의 동선을 파악해보기로 했다. 백화점으로 오는 여러 가지 방법들, 예를 들어 지하철·버스·자가용 등을 기준으로 어떤 입구로 들어와서 엘리베이터를 타거나 에스컬레이터를 타거나 이동하는 경로, 그리고 매장으로 다니는 경로 및 쇼핑 후에 백화점에서 나가는 경로까지를 몇 가지 단계로 구분하고, 그런 단계에서 고객들이 접촉할 수 있는 접촉점이라고 보이는 것들을 대략 파악해 두었다. 여기까지는 조사를 위한 기본적인 정보를 파악한 것일 뿐이다.

  그 다음 K백화점의 도움을 받아서 고객계층마다 해당되는 고객들을 백화점 내의 식당에 데려가 인터뷰를 실시했다. 표적집단 인터뷰를 실시한 것이다. 고객들에게는 서비스 개선을 위한 간담회라는 이름으로 초청했다. 그리고 고객들의 기억에 의존해서 의견을 들었는데, 우선 동선을 파악하고 해당 동선 상에서 주요 접촉점을 선별했고, 각 접촉점에서 제공하는 서비스에 대해서 들었다. 이 모든 내용을 녹음하고 기록하였다.

- 발견 및 개선 : 이러한 표적집단 인터뷰를 통한 가장 주요한 발견은 고객들이 백화점이 마련한 많은 서비스가 무엇인지 잘 알지 못한다는 것이었다. 또 알고는 있다고 하더라도 대부분의 서비스에 대해서 큰 기대나 만족을 하지 않는다는 점, 오히려

별로 중요하게 생각하지 않았던 서비스들이 고객들에게는 기대가 큰 것들이었다는 점, 그리고 같은 서비스라도 그것을 기대하거나 경험하는 바는 고객층마다 조금씩 차이가 난다는 점 등이었다.

이에 따라 K백화점과 C사는 고객들의 동선을 일반화시켜 몇 단계로 구성하고, 각 고객층마다 동선 상에서 제공받는 서비스를 다르게 구성하는 개선안을 마련하였다. 이 개선안을 실시하자 고객층은 마련된 서비스에 대해서 신선함을 느꼈고, 또한 이 서비스들이 기대에 부응하는 내용이었기 때문에 고객의 만족도가 높아졌다.

## 관찰

관찰이란 무엇일까? 우리는 관찰을 통해 어떤 이득을 얻을 수 있을까? 제인 구달을 떠올려보자. 동물학자이자 환경운동가인 제인 구달은 아프리카 탄자니아에서 40년이 넘는 시간 동안 침팬지와 함께 생활하며 그들을 관찰했다. 그들의 소리, 몸짓, 식습관, 먹이를 찾는 방법, 배설 습관, 교미하는 방법, 집단형성 방법 등 모든 성향 및 생활습관을 파악했다. 이를 바탕으로 그녀는 침팬지의 어머니라 불리며 세계적인 침팬지 연구가가 되었다.

그렇다면 마케팅에서의 '관찰'이란 무엇일까? 제인구달이 침팬지의 생활상을 관찰하듯 소비자나 고객들이 어디서 무엇을 만나서 어떤 메시지를 듣는가 하는 것을 관찰하는 것이다(만약 침팬지가 인간과 같은 소비를 할 수 있었다면 제인구달은 침팬지 세계에서 최고의 마케터가 되었을 지도 모른다). 이러한 관찰은 소비자들의 일상적이고 아주 자연스러운 소비나 사용 상황에서 이루어지므로 접촉점이 무엇인지 파악하는 것은 쉽다. 그러나 그 접촉점들이 고객들에게 긍정적인지, 부정적인지 혹은 어느 정도의 중요성이 있는지까지는 파악하기가 어렵다. 따라서 대부분 앞에서 말하는 표적집단 인터뷰와 병행하는 경우가 많다. 즉, 사용 현장에서 관찰을 하고 난 후에 개별적인 인터뷰를 통해서 소비자의 반응이 긍정적인지 이 접촉점이 어느 정도 중요한지를 묻고 그 대답을 듣는 것이다. 이 '관찰'을 잘 활용하여 성공을 이끌어낸 대표적인 사례가 있다.

## Avis의 사례

'에이비스(Avis)'는 미국의 렌터카 업체이다. 미 전역에서 '내셔널(National)'과 서로 3~4위를 오르내린다. 2009년 현재의 1위 업체는 '엔터프라이즈(Enterprise)'인데 엔터프라이즈가 일등이 되기 이전에 미국의 렌터카 시장을 주도하는 것이 허츠(Hertz)와 에이비스(Avis)였다. 에이비스는 허츠와 경쟁하던 초기에 '(이등이기 때문에 일등이 되기 위하여) 더욱 노력합니다!' 라는 'We try harder!' 캠페인으로 유명해진 회사이다.

에이비스는 또 다른 이유로 유명하기도 한데, 경쟁이 치열한 미국의 렌터카 업계에서 항상 혁신적인 노력을 한다는 면에서 유명하다. 그 중에서도 미국의 렌터카 업계에 큰 변화를 가져다 준 예가 바로 1996년에 실행한 노력이다.

• 상황 : 미국에서 공항 근처의 렌터카 사무실은 매우 중요하다. 넓은 땅에 사는 미국인

들에게는 자동차가 없으면 안 되기 때문이다. 특히 비행기로 여행을 하는 경우, 도착지에서 자동차를 빌리는 것은 일상화되어 있다. 1995년 에이비스는 미국 내 60개의 국제공항에 있는 자사 지점들에 대해서 소비자 만족도 조사를 해보았다. 그 결과 뉴저지의 뉴왁(Newark)공항 근처에 있는 지점이 가장 낮은 점수를 받았다. 경영진은 뉴왁공항 지점을 대상으로 고객만족을 혁신적으로 개선하기 위한 방안을 마련하여 실시하고, 성과가 있다면 전 지점으로 확대하기로 결정했다.

- 조사 : 에이비스는 우선 고객만족을 위해 무엇을 해야 할지 방향을 설정했다. 고객들이 기대하는 바와 실제로 경험하는 바의 차이를 찾아내어, 그 중 가장 성과가 높은 부분을 개선하는 것이었다. 그들은 조사팀을 구성하였는데, 일반적인 조사회사에 의뢰하지 않고 심리학자, 미술가, 음악가, 문화인류학자 등으로 팀을 구성하였다. 이들이 사람들의 마음을 더 잘 이해할 수 있다고 판단했기 때문이었다.

이들은 일반고객들처럼 행동하며 차를 예약하는 과정에서부터 빌리는 과정, 사용 후 되돌려주는 과정까지 고객이 차를 렌트할 때 겪게 되는 모든 과정에 참여했다. 고객들의 행동을 관찰하였으며 그들과 대화를 나누고 빌리는 과정을 직접 경험해 보기도 했다. 그리고 몇 가지 개선점을 위한 기준을 발견하였다.

- 개선 : 발견된 기준 중에서 가장 중요한 요인은 바로 '시간'이었다. 차를 빌리려는 사람들은 비교적 다음 행선지에 대한 시간적인 여유가 있었다. 하지만 차를 되돌려 주는 사람들은 타고 가야 할 비행기 출발시간과 관련하여 여유가 부족했다. 고객들은 렌터카 서비스 중 빌리는 과정에 있어서는 조금 불만족스러운 부분이 있어도 관용을 베풀어 참아냈지만, 되돌려주는 경우에는 사소한 부분에도 불만을 가졌다.

이에 따라 에이비스 측은 '시간을 줄이는 것'을 주제로 빌리는 과정에서 되돌려 받는 과정까지의 서비스 시간을 단축하는 개선안을 마련했다. 특히 되돌려 받는 과정에서의 시간을 대폭 줄이는 개선안을 중점적으로 마련하였다.

되돌려주는 곳에서 고객들을 일렬로 기다리게 하지 않기 위해 여러 개 줄을 마련하거나, 아예 주차장으로 들어오는 곳에 직원들이 대기했다. 대기 직원들은 등에 고객보호(Customer Custody)라는 글씨가 박힌 주황색 조끼를 입고, PDA를 들고 돌아다니면서 들어오는 차를 대상으로 반환 작업을 실시했다. 또 차를 반납한 고객들의 편의를 위해 셔틀버스의 출발지점을 차를 되돌려주는 곳과 가장 가까운 곳으로 배치하였다. 더불어 종이에 작성된 서류를 최소화했다. 고객은 인쇄된 종이를 받지만 직원들은 그 내용이 담긴 PDA를 들고 돌아다니면서 사무실이 아니라 그 자리에서 반환서류를 작성하기도 했다. 또한 각 지점의 문턱을 낮추고, 문의 크기를 넓혀서 고객들이 짐을 많이 가지고 다니는 경우 불편하지 않도록 배려했다. 실제로 이런 사소한 문제로 인해 시간이 낭비되는 것에 고객들은 불만을 가지고 있었다. 게다가 이례적으로 차를 빌려주는 안내데스크보다 되돌려 받는 주차장에 더 많은 직원을 이동·배치하는 등 고객들의 불만 요소를 줄이기 위해 노력했다.

• 결과 : 이러한 에이비스의 노력은 어떤 결과를 가져왔을까? 그 다음해에 실시한 고객만족도 조사에서 뉴왁공항 지점이 최우수 지점으로 선정되었다. 에이비스는 뉴왁공항 지점의 서비스를 전 지점에 확대하기로 하였다. 이후 이러한 혁신적인 에이비스의 활동을 본뜨는 회사들이 늘어났고, 미국 대부분의 렌터카 회사들은 차를 되돌려 받는 곳에서의 시간을 줄이고, 고객들이 불편해하지 않도록 노력하기 시작했다. 에이비스의 사례는 고객의 입장에서 생각하고, 고객과의 대화를 통해서 고객접촉점들을 찾아내어 성공적으로 활용한 좋은 사례이다.

## 전문가의 판단

이는 조사 전문가가 소비자나 고객의 입장이 되어서 고객처럼 행동하는 미스터리 쇼핑 방법이다. 조사원이 고객으로 가장하여 해당 매장의 전체적인 서비스 수준을 평가하는 것이다. 매장탐색, 상품구매, 재구매 등이 이루어질 때 고객의 동선을 예상해보고, 실제로 그 동선에 따라 제품을 구입해 보거나 제품을 직접 사용해 보면서 다양한 접촉점들을 찾아내는 방법이다. 이는 전문가로서의 지식과 경험에 의존하는 것이기도 하고, 전문가가 가지고 있는 각각의 방법론의 영향도 있기 때문에 빠른 시간에 정확한 접촉점을 찾을 수 있다는 장점이 있다. 경험과 지식을 고루 갖춘 전문가의 객관적이고 솔직한 의견이 중요하다.

지금까지 접촉점을 찾는 대표적인 세 가지 방법을 알아보았다. 이 중 보통 표적집단 인터뷰와 관찰, 또는 표적집단 인터뷰와 전문가의 판단 등 두 가지를 병행하는 것이 일반적이다. 관찰하는 방법은 자주 사용되지는 않는다. 전문가의 판단 안에 관찰의 방법이 들어있기도 하고, 관찰에 참여하는 인원을 선발·교육하려면 비용과 시간이 많이 들기 때문이다.


## 접촉점 찾는 과정에서 활용하는 도표

앞에서 다양한 접촉점들 중에서도 중요하고 의미 있는 접촉점을 찾아내야 한다고 얘기했다. 이때 다음과 같은 도표를 활용하면 아주 유용

| 상표 접촉점 | 중요성 정도 | 긍정/부정반응 | 고객의 기대 | 고객 경험 | 발송메시지 |
|---|---|---|---|---|---|
|  |  |  |  |  |  |
|  |  |  |  |  |  |
|  |  |  |  |  |  |
|  |  |  |  |  |  |
|  |  |  |  |  |  |

**접촉점의 탐색**

하다. 이 도표는 노스웨스턴 대학의 리사 포르티니 켐벨(Lisa Fortini-Campbell)교수가 만든 것이다.[2] 이 내용은 필자가 박기철 교수와 함께 공저한 '통합된 마케팅 커뮤니케이션-IMC[3]' 에도 소개된 적이 있다. 각 열에 대한 설명은 다음과 같다. 참조하길 바란다.

첫 번째 열은 접촉점을 확인하는 단계이다. 앞에서 접촉점인지 아닌지를 판단하기 위해 제품이나 서비스 자체에서 혹은 관련된 시장에서 고객이 정보를 얻게 되는 경험이 발생하는지 아닌지를 관찰했다. 이 때 경험이 발생한다면 접촉점이라고 판단하는 것이다.

두 번째 열은 그 접촉점이 고객의 입장에서 중요한지 아닌지를 판단하는 것이다. 중요도에 대해 고객에게 '10점 만점 중 몇 점을 줄 수 있는가' 하는 10점 척도로 물어보아도 좋고, 5점 척도(매우 중요치 않다 - 중요치 않다 - 그저 그렇다 - 중요하다 - 매우 중요하다)로 측정해도 좋다. 중요한 것은 고객의 입장에서 어느 정도 중요한지를 판단하는 것이다.

세 번째 열은 그 접촉점에서 고객의 반응이 긍정적인지 부정적인지를 판단하는 것이다. 접촉점에서 받은 인상을 물어볼 수도 있다. 고객에게 그 인상이 긍정적인지 부정적인지를 서술식으로 받아볼 수도 있지만, 긍정과 부정의 정도가 얼마 만큼인지 척도를 이용해서 물어보기도 한다. 이 단계 역시 두 번째 단계처럼 10점 척도로 물어볼 수도 있고, 5점 척도로 물어볼 수도 있다. 향후 전략적 관점에서 보면 동일한 척도로 물어보는 것이 좋다. 같은 척도로 대답하는 경우, 심리적으로 같은 비중으로 대답을 하게 되기 때문에 비교가 더 쉽다.

네 번째 열은 접촉점에서 고객이 기대하는 바를 조사하는 것이다. 앞에서 강혜자 씨와 대학생 김상혁 군의 예를 들어보자. 식품 매장의 '판매대' 라는 접촉점에서 고객들이 기대하는 바는 아마도 보기 좋은 진열이나 신선한 보관 등의 요소일 것이다. 김상혁 씨와 같이 휴대전화 수리를 원할 경우, 홈페이지에서 서비스 장소를 알려주는 정보제공의 기능이 찾아보기 쉽도록 되어 있기를 기대할 것이다. 이 열에는 해당 접촉점에서 고객이 무엇을 기대하는지를 서술하면 된다.

다섯 번째 열은 고객이 해당 접촉점에서 경험하는 바를 서술하는 것이나. 다시 앞의 예로 돌아가면, 강혜자 씨는 기업의 판촉활동을 통해 영업사원을 접촉하였다. 시식용으로 제공하는 새로 나온 어묵을 집어들었고, 그 순간 '식물성 기름으로 튀겨 고소하다' 는 설명을 들었으며, 실제로 시식용 어묵을 먹어보니 정말 고소한 맛을 느꼈다. 이런 경우

---

2. Lisa Fortini-Campbell, Integrated Marketing and The Consumer Experience, Kellogg On Intergrated Marketing, (New Jersey:John Wiley & Sons, 2003), pp77~83)

3. 정해동·박기철 공저, 2001, 한언

고객이 경험한 바는 '영업사원의 말처럼 고소한 어묵을 맛보았다'는 것이다. 대학생 김상혁 씨가 애프터서비스를 받고 돌아오는 길에 상담전화를 받았다는 것은 상담전화라는 접촉점을 통해 애프터서비스에 대한 확인과 배려라는 경험을 한 것이다.

여섯 번째 열은 고객이 접촉점을 경험하는 때에 고객에게 전달되는 정보의 메시지 내용을 체크하는 것이다. 강혜자 씨는 판촉활동을 하는 영업사원으로부터 직접 '고소하다'는 제품의 맛에 대한 메시지를 받았다. 대학생 김상혁 씨는 '수리 과정에서 불편한 점은 없었는지'라는 메시지를 상담원으로부터 받았다. 이러한 메시지의 내용이 무엇인지 체크하면 된다.

이렇게 도표를 통해 고객의 접촉점을 확인하고, 접촉점에서 의미 있고 중요한 마케팅 단서를 발견하기 위한 조사과정에 활용하면 좋다. 또한 이렇게 모은 자료들을 파악하기 쉽게 정리할 필요가 있는데, 이는 각각의 접촉점들을 전략적으로 활용하기 위해서이다.


## 중요 접촉점을 골라내기

실제 소비생활에 있어서 소비자나 고객들이 접촉하게 되는 접촉점들은 제품과 서비스에 따라 다르기는 하지만 종류가 매우 다양하다. 소비자나 고객들이 제품이나 서비스에 대해서 알게 되고, 사용하고, 보고, 느끼고 하는 모든 경험이 다양하고 복잡한 일상생활 속에서 발생하는 것들이기 때문이다. 따라서 접촉점 역시 일상생활의 다양한 모습들처럼 다양하게 발생하게 되는 것이다. 간단한 예를 들어보자. 예전에는 텔레비전을 시청한다고 하면 공중파 방송프로그램을 보는 정도였지만 지금은 공중파 외에도 케이블 텔레비전, DMB, 또는 인터넷으로 다운받아 보는 등 다양한 방법이 있다. 또 예전에는 기업이 어떤 활동을 하는지 알 수 있는 매체는 신문이나 방송, 기업이 발행하는 사외보 등이었지만 지금은 이 외에도 홈페이지의 다양한 구성, 웹진, 이메일 혹은 고객센터 등을 통해서도 알 수 있게 되었다. 주변 사람들이나 친구들과의 의견 교환의 경우도 예전에는 유선전화나 편지 정도였지만 지금은 휴대폰을 통해 문자는 물론 영상까지 보낼 수 있고, 이메일이나 메신저의 이용, 싸이월드의 일촌을 맺는 활동까지 매우 다양해졌다.

필자의 경험상으로 보면 서비스회사의 경우에는 약 100여 가지, 제조회사의 경우에는 80여 가지가 조사된 바 있다. 그런데 이렇게 많은 접촉점들이 모두 다 의미 있고 중요한 것은 아니다. 이 중에서도 의미 있고 중요한 접촉점들을 골라내야 한다. 의미 있고 중요한 접촉점만이 고객이나 소비자를 염두에 둘 때 관리할 수 있는 가치가 있는 것들이고, 이렇게 관리하는 것들을 통해서 기업 활동의 성과를 파악해볼 수 있기 때문이다.

## 관리해야 할 중요 접촉점을 골라내는 기준

앞에서 '의미 있고 중요한 접촉점'을 찾아야 한다고 설명했다. 그렇다면 과연 '의미 있는 접촉점'이란 무엇일까? 또 '중요한 접촉점'은 무엇일까? '의미 있는 접촉점'이란 그 접촉점이 소비자들의 인식 속에 자리 잡힌, 그러니까 소비자들에게 어떠한 '의미'로 받아들여지는 접촉점이란 뜻이다. 또 '중요한 접촉점'이란 접촉이 일어난 후에 향후 관리해야 할 중요성이 있는 접촉점을 말한다. 따라서 접촉점을 분석할 때는 고객들에게 의미가 있는지 없는지, 향후 관리해야 할 필요가 있는지 없는지를 파악해야 하는 것이다. 이때 다음과 같은 세 가지를 기준으로 두고 활용하면 좋다.

### 1. 소비자나 고객의 인식 속에 있는 것이어야 한다

우선 해당되는 접촉점이 소비자 인식 속에 자리잡힌 것인가 아닌가를 기준으로 판단한다. 접촉점을 파악하기 위해 소비자들을 인터뷰하는 조사과정을 살펴보면 대부분의 접촉점에 대한 정보는 조사대상자인 소비자나 고객들의 기억, 또는 회상으로부터 나타난다. 그러니까 대부분 소비자들의 인식 속에 있는 내용들이 겉으로도 드러나게 되는 것이다.

다시 말하자면 소비자들의 뇌리에 인식되어 있지 않는 접촉점이라면 잘 나타나지 않고, 소비자들의 뇌리에 분명하게 인식되어 있는 접촉점일수록 명확하게 나타난다는 말이다. 이렇게 소비자들의 인식이 분명히 나타나는 접촉점은 크게 긍정적인 것과 부정적인 것들로 나눈다.

• 긍정적인 것들(To credit) : 소비자에게 분명하게 인식되어 나타나는 것들 중에서 소비자가 긍정적인 평가를 하는 것들을 말한다. '좋다' 라던가 '도움이 되었다'는 등의 반응으로 나타나는 것들로서 대부분 긍정적 경험의 산물이다.

- 부정적인 것들(To Blame) : 소비자에게 분명하게 인식되어 나타나는 것들 중에서 소비자가 부정적인 평가를 하는 것들을 말한다. '싫었다', '도움이 안 됐다', '고쳤으면 좋겠다' 등의 반응으로 나타나는 것들로서 대부분 부정적인 경험의 산물이다.

소비자의 반응이 긍정적이건 부정적이건 간에 명확하게 나타나는 것들일수록 의미가 있고 중요한 접촉점들이다. 마케팅 전략을 수립함에 있어서, 긍정적인 경험이 바탕이 되는 접촉점들은 향후 강화하거나 유지하는 방향으로 검토될 것이다. 반면 부정적인 경험이 바탕이 되는 접촉점들은 수정하거나, 삭제하거나 혹은 무시하는 등의 방향으로 검토될 것이다. 그런데 소비자의 인식 속에 분명하게 각인되어 있지 않은 것들은 조사과정에서 잘 나타나지 않는다. 이는 향후 전략적 방향을 탐색하는데 별 도움이 되지는 못하는 의미가 작은 접촉점이라고 판단할 수 있다.

## 2. 관리 가능한 것이어야 한다

그런데 의미가 있는 것일지라도 관리할 수 없는 접촉점이라면 향후 전략 수립에 도움이 되지 못한다. 구전이라든가, 다른 사람이 사용하는 것을 본 경우라든기, 친구 집에서 사용해본 경험이라든가, 기업의 손길이 전혀 닿지 못하는 지점이라면 더 관리하기 힘들다. 관리하기 힘들다는 것은 투여되는 시간과 비용들에 대해서 측정하지 못한다는 의미이기도 하다. 그러면 성과관리도 하기 힘들다. 따라서 그런 접촉점들은 중요한 접촉점들이 아니다.

### 3. 소비자의 입장에서 중요해야 한다

소비자의 머릿속에 명확하게 인식되어 있는 의미 있는 접촉점과 기업에서 관리 가능한 중요 접촉점을 골라낼 때 또 하나 고려해야 할 기준은 '소비자나 고객의 입장에서 보았을 때 중요해야 한다'는 것이다.

소비자나 고객들의 인식에 각인되어 있어서 의미 있는 접촉점인 것처럼 파악되더라도 막상 소비자나 고객들의 입장에서 정말 중요한 것은 아니라면 사실상 향후 관리에 필요 없는 접촉점이다. 물론 이런 접촉점들에도 투자를 하거나 관리를 할 수 있다. 하지만 그러한 노력을 하더라도 향후 소비자나 고객들에게는 없어도 상관없는 것이 되기 쉽다. 아니면 다른 다양한 서비스 중 한 가지에 불과한 취급을 받을 수도 있다는 점을 주의해야 한다.

따라서 향후 기업 활동과 관련하여 볼 때 첫 번째와 세 번째의 기준을 제대로 활용하는 것이 중요하다. 첫 번째와 세 번째는 소비자나 고객들의 판단이고, 두 번째 기준은 기업의 판단이다. 소비자나 고객들의 판단에 해당하는 첫 번째와 두 번째가 더 중요한 것이다.

기업 활동의 주체는 기업이기 때문에 기업이 관리 가능한 접촉점인지 아닌지를 판단하는 것은 쉬운 일이다. 반면, 첫 번째와 두 번째는 소비자의 판단이기 때문에 기업의 입장에서는 받아들이기 어려운 부분도 생긴다. 하지만 '소비자가 왕'이라는 말이 있듯이 소비자가 틀렸다고 판단하면 기업이 아무리 옳다고 믿는 것일지언정 결국 틀린 것이 되어 버린다. 그리고 소비자가 받아들이도록 또다시 수정해야 하는 일이 생기게 마련이다. 따라서 기업이 소비자 중심적으로 활동을 전개하려면 반드시 소비자의 판단을 중요하게 여겨야 하는 것이다. 소비자와 고객들의 판단을 일차적인 기준으로 하고, 그 다음 기업이 관리할 수 있는 접촉점인지를 분석해서 선별해 가는 과정을 거치면 되는 것이다.

## 중요 접촉점의 우선순위 결정

위의 기준에 따라 접촉점을 찾고, 이 접촉점들이 의미 있고 중요한 것인지를 판단할 수 있는 정보들을 모았다면, 이제 그것을 분류해야 한다. 여기서 '분류한다'는 것은 앞으로 이 정보의 전략적인 활용을 위해 어떤 접촉점이 다른 접촉점과 비교하여 중요한지 아닌지, 중요하다면 향후 어떻게 개선하거나 관리해야 하는지, 또 개선하거나 관리하는 경우 어떤 부서에서의 활동을 개선해야 하는지 등을 파악하는 데 유용하기 때문이다.

앞에서 설명한 접촉점을 찾는 도표를 이용하면 둘째 열과 셋째 열을 기준으로 하여 4분면의 그리드를 만들 수 있다(30쪽 참조). 한 축을 고객의 인식으로 설정한다. 고객의 입장에서 긍정적인가, 부정적인가, 또한 중요성을 어느 정도 인식하고 있는지 등을 기준으로 하여 다음과 같은 도표에 배치한다. 4분 면마다 각각 해당되는 접촉점들을 배지해보면 기업의 전략적 방향에 따라 어떤 접촉점들을 우선적으로 개선해야 하는지를 쉽게 파악할 수 있다.

4분 면에 배치된 접촉점들 중 전략적으로 가장 우선해야 하는 접촉점은 무엇일까? 바로 오른쪽 윗부분의 접촉점들이다. 이들은 고객들에게도 중요하면서 긍정적으로 파악되는 접촉점들이다. 여기서의 고객들의 경험은 대체로 긍정적이고 만족스러운 것들이므로 지속적으로

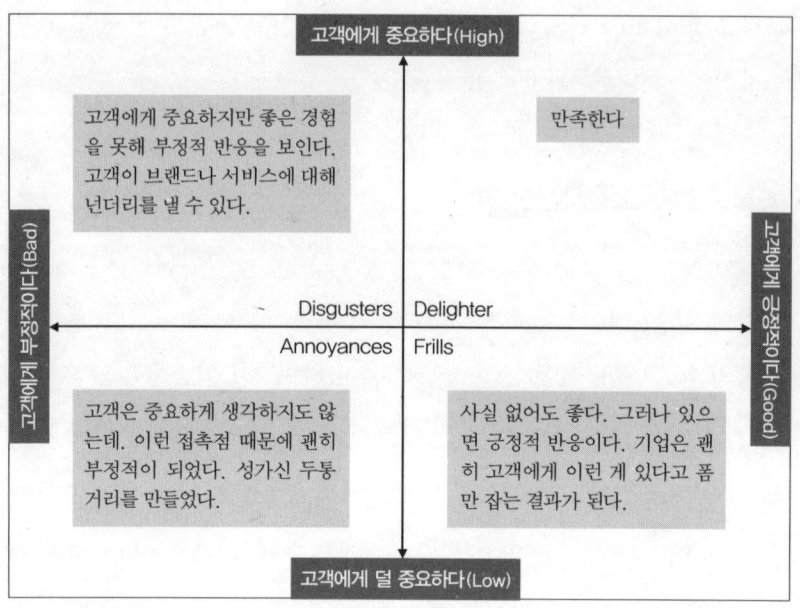

**접촉점의 선별**

관리하고 운영하기에 가장 효과적이고 효율적이다.

그 다음은 왼쪽 윗부분에 배치되는 접촉점들이다. 고객들에게는 중요하게 인식되는 것들이지만 부정적인 경험을 하게 되는 접촉점인데, 고객들에게 부정적인 영향을 준다는 측면에서 반드시 개선해야 하는 접촉점들이다. 개선하지 않으면 고객들이 기업이나 브랜드 자체에 대해서도 부정적인 이미지를 갖게 되기 때문이다. 또한 이 영역에 해당되는 접촉점들은 개선의 효과가 매우 크다. 고객들에게 중요하게 인식되고 있어 반드시 관심을 가져야 한다. 현재 고객들에게 부정적인 반응을 얻고 있으므로 만약 개선한다면 고객들에게 그 효과가 매우 크고 가시적이다. 따라서 기업에서 혁신적인 개선을 목표로 하고 있다면 이 영역에 해당하는 접촉점들을 대상으로 하는 것이 좋다.

오른쪽 아래에 해당하는 접촉점들은 고객들에게 좋은 평가는 받지만 사실 중요하지 않은 접촉점들이다. 이런 접촉점들을 통해 얻는 경험은 긍정적인 것으로 보일지 몰라도 고객들에게 있어서나 기업에 있어서 크게 중요하지 않은 경험들이다. 사실상 없어도 된다. 여기에 해당하는 접촉점들이 없다 하더라도 고객들은 잘 인식하지 못하거나 인식하더라도 불편해하지 않기 때문이다. 물론 이 영역의 접촉점들을 개선하는 전략적 방향도 검토해 볼 수는 있다. 하지만 그리 중요한 것이 아니므로, 접촉점들을 개선하려는 비용이 있다면 차라리 전략적으로 우선해야 하는 오른쪽 윗부분의 접촉점들을 유지·개선·보완하는 데 사용하는 것이 훨씬 효율적이다.

왼쪽 아래의 영역에 해당되는 접촉점들은 불만 고객을 만들어내기 쉬운 것들이다. 따라서 전략적으로도 개선하거나 수정할 필요가 떨어진다. 여기에 해당되는 접촉점들은 아예 없애버리거나, 아니면 사용하지 않는 것이 좋다. 만약 기업에서 개선하는 노력을 기울인다고 해도 고객들로부터 긍정적인 반응을 얻는 정도로 끝날 것이다. 구매까지 이어지게 만드는 요인은 되기 힘들다는 뜻이다. 이곳 접촉점들의 개선에 사용되는 비용 역시 고객들이 더욱 중요하게 생각하는 오른쪽 윗부분의 접촉점들을 유지·보수·개선하거나 왼쪽 윗부분의 접촉점들을 개선하는 데 사용하는 것이 효율적이다.

한 가지 팁을 덧붙이자면 접촉점을 조사하고 발견하는 과정, 그리고 접촉점들의 중요성 또는 부정적인지 긍정적인지의 성격을 파악하는 과정에서 척도를 이용하면 좀 더 명확한 파악이 가능하다. 척도를 통해 파악된 접촉점들은 위의 그리드에 배치할 때 수준과 정도에 따라서 배치할 수 있기 때문이다. 같은 전략적 방향 아래서도 우선적으로 개선해야 하는 접촉점이 무엇인지 알고, 그에 따라 의사결정을 하는 것이 보다 유리하다.

## 접촉점을 활용하기

접촉점들이 무엇인지 파악하고, 그리드 분류나 각 접촉점의 성격 등의 분류기준을 통해 접촉점들을 분류했다면 자연스럽게 이 내용을 활용하는 전략적 방안들이 따르기 마련이다. 이 전략적 방안들도 크게 4가지로 구분할 수 있다. 이 4가지는 오늘날 기업 경영의 화두이기도 하다. 이 4가지를 아우르는 핵심을 먼저 말하자면 '고객중심의 활동' 또는 '고객주도형 활동' 이다. 4가지는 다음과 같다.

1. 로열티 : 고객의 로열티가 발생하는 경로로 본다.
2. IMC : 고객과의 커뮤니케이션 경로로 본다.
3. CRM : 고객과 관계가 생기는 경로로 본다.
4. CEM : 고객의 경험이 생기는 경로로 본다.

이 4가지 경영방안은 이름이 모두 다르기 때문에 서로 다른 개념으로 여기기 쉽다. 물론 아예 똑같은 개념은 아니다. 하지만 이들 4가지는 모두 '고객접촉점' 을 활용한다는 공통점을 가지고 있다. '접촉점' 을 활용한다는 점에서는 하나로 묶을 수 있는 것이다. 그런데 이러한 공통점을 가지고 있음에도 실제 마케팅에서는 서로 다른 방안이 나오는 이유는 바로 '관점의 차이' 때문이다. 이들은 고객접촉점을 바라보는 관점이 서로 다르다.

여기서 문제가 발생한다. 관점이 다를 뿐인데 마케팅을 실행할 때 이 개념들을 서로 아예 다른 것으로 인식하기 때문에 혼란이 생기는 것이다. 이 혼란으로 인해 왜 'IMC가 로열티를 높이기 위한 목적의 브랜드 커뮤니케이션'인지, 왜 IMC의 'I'가 '통합된'이라는 표현의 Integrated를 의미하는지도 모르게 되며, 고객관계관리(CRM)를 전개하는 커뮤니케이션이나 캠페인이 왜 통합된 마케팅 커뮤니케이션(IMC)과 비슷한 모습을 보이게 되는지도 이해하지 못한다. 또한 로열티 증대를 위한 활동과 고객경험관리(CEM)의 관련성이 무엇인지 의아해하거나, 고객경험관리(CEM)가 고객관계관리(CRM)과의 차이를 인지하지 못한다. 서로 밀접하게 연결되는 부분이 무엇인지 모르는 것이다.

뿐만 아니다. 이런 경영방안을 따라가는 기업조직의 내부에서도 제품 디자인이 로열티 증대나 고객경험관리(CEM)와 어떤 연관성이 있는지 모르고 있거나, 고객만족팀이 고객관계관리(CRM)가 아닌 IMC를 해야 한다는 사실을 모르기도 한다. 이는 결국 고객만족이나 고객들의 로열티를 강화해나가기 위해서 기업의 어떤 조직이 어떻게 바뀌어야 하는지도 모르고 있다는 뜻이며, 기업의 과제를 정의하거나 규정하는 과정에서 과제 해결을 위해 어떤 부서가 주도적으로 활동할 것인지도 분명하지 않다는 소리다.

간단하게 설명하자면 앞의 4가지 대표적인 경영방안들의 최대공약수가 바로 '접촉점'인 것이다. 접촉점에 대한 이해만 충분히 한다면

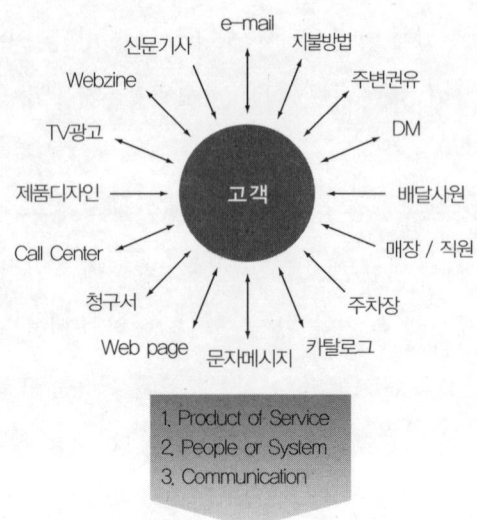

접촉점에 대한 관점에 따라 실행이 달라진다

| 로열티 관점 | IMC 관점 | CRM 관점 | CE(Customer Experience) 관점 |
|---|---|---|---|
| 접촉점이란 로열티가 생성·파괴되는 경로 | 접촉점이란 커뮤니케이션 채널 | 접촉점이란 관계가 만들어지는 경로 | 접촉점이란 경험이 발생하는 경로 |

접촉점에 대한 관점

앞에서 나열했던 몰이해와 혼동은 충분히 해결될 수 있다. 또 진정한 의미의 고객중심의 활동을 전개할 수 있다. 접촉점에 대한 올바른 이해를 위해서 접촉점을 설명하고, 접촉점을 바라보는 관점들이 서로 어떻게 다른지를 명확히 설명하는 것이 바로 이 책의 핵심내용이다.

# Chapter 02

# 로열티가 발생하는 접촉점

로열티가 형성되려면 제품이나 서비스에 대한 고객의 '만족'이 필수적이다. 그러나 만족만으로 로열티가 만들어 지는 것은 아니다. 심리적으로 강한 유대가 필요하다. 또한 제품이나 서비스에 대해서 만족하는 것만으로는 충분하지 않다. 고객들이 제품과 서비스와 접촉할 때, 그 접촉점이 중요하고 의미 있는 접촉점이어야 한다. 즉, 고객이 만족을 느끼는 접촉점이 중요하고 의미 있는 접촉점이어야 하는 것이다.

이것이 바로 로열티를 강화하기 위해 접촉점들을 관리해야 한다는 기본개념이다. 즉 로열티와 관련하여 생각할 때, 접촉점들을 로열티가 강화 또는 약화되는 곳으로 본다는 것이다.

이 장에서는 우선 로열티의 개념을 확실하게 정의하고, 로열티 강화를 위한 활동을 왜 접촉점의 관점에서 해석해야 하는지를 설명한다.

# 로열티는 충성이 아니라 '단골'

우리말 사전에서는 로열티(Loyalty)를 '충성도'라고 번역한다. 그래서 마케팅에서도 기업이나 상표(브랜드)에 붙여 사용하면서, '기업에 대한 충성도' 혹은 '상표충성도'라는 말을 사용한다. 로열티를 충성도라고 번역·사용하는 데 큰 문제를 느끼지 않고 있으며, 상표충성도라는 말도 아주 자연스럽게 받아들인다.

그런데 과연 로열티라는 단어를 그렇게 번역해도 좋을까? 일반인으로서의 소비자들, 혹은 고객들에게서 그런 충성도를 기대해도 좋을까? 충성이라는 말의 사전적인 의미를 살펴보자. '지극 정성', '진정성에서 우러나오는 정성'이다. 국기에 대한 맹세를 할 때 제창하는 구절처럼 '국가와 민족을 위해 충성을 다할 것을 엄숙히 맹세합니다'라고 할 경우에는 딱 맞고 옳은 표현이다. 그런데 과연 '그런 충성도가 기업이나 상표에 대해서도 고객들에게서 발휘되겠는가? 아니면 발휘되고 있는가?' 하는 의문이 든다.

어느 기업에 대한 로열티가 높다고 하거나, 어느 상표에 대해 로열티가 있다고 하자. 로열티를 충성도라고 번역하거나 혹은 충성도로 이해한다고 해보자. 그 기업이나 상표에 대한 소비자나 고객들의 태도는 어떨까? 과연 지극정성을 다하여 구매하거나, 진정성으로 대할 것인가? 혹은 기업이나 브랜드에 대해 충성을 다할 것을 맹세하겠냐는 말이다.

실생활에서 볼 때, 소비자들이 하나의 기업이나 브랜드에 대해 지극한 정성이나 진정성을 가지고 있는 경우는 참으로 드물다. 그게 정상적이다. 소비자들을 생활자로서, 아니면 소비자 생활 그 자체를 두고 생각해보자. 식당 벽에 걸려있는 액자에 이런 글들이 쓰여 있는 것을 본 적이 있을 것이다.

'어제도 오신 손님 오늘도 오셨구려, 내일도 오신다면 얼마나 좋을까?'

'千客 萬來(천객 만래)'

가게의 입장에서 어떤 손님이 오늘도 내일도 계속 찾아와 준다면 얼마나 좋겠는가? 천명의 손님이 열 번씩 찾아와서 만 번씩이나 들러준다면 얼마나 좋겠냐는 말이다. 한 번 생각해보자. 이런 평범한 글 속에 로열티의 정체, 혹은 실체가 숨겨져 있지는 않을까?

음식점을 하나의 상표로 혹은 하나의 소매점이나 기업으로 대치해보자. 자사의 상품이나 서비스를 어제도 사서 쓰더니 오늘도 사서 쓰고, 내일도 사서 쓴다면? 천 명의 고객이 열 번씩 사서 만 개를 사준다면? 어제도 오더니만 오늘도 들리고, 내일도 들러준다면? 천 명의 고객이 열 번씩 들러준다면? 이렇게 반복적으로 꾸준하게 구매해주는 것이 바로 고객의 로열티라는 것이다.

이런 고객들을 우리는 단골고객들이라고 부르는데, 이러한 '단골'의 개념이 사실상의 로열티일 것이다. 위의 액자에 적힌 글은 고객들이 '로열티'를 가지기 바라는 주인의 마음을 솔직하게, 그리고 아주 쉽게 표현한 것이라 할 수 있다. 결론적으로 로열티가 있는 고객은 '충성스러운 고객'이 아니라 '단골고객'인 것이다.

## 단골의 특징들

'단골고객'들이 보여주는 행동적·심리적 특성이야 말로 로열티의 특성과 동일하다. 당신이 어떤 식당이나 가게, 혹은 어떤 상품에 대한 단골고객이라고 가정해보자. 단골고객인 당신은 일반손님들보다 여러 가지 면에서 다르다. 그 다른 면들이 일반손님들과 구별되는 특징들이며, 결국 그것들이 로열티를 가진 고객들의 특징이다.

### 첫 번째의 특징

단골의 가장 큰 특징은 특성 상품이나 서비스를 자주 구매하는 일이 지속적으로 일어난다는 것이다. 이것이 바로 단골고객의 '지속성'이다. 단골고객은 상품을 구매했거나, 식당을 이용했던 경험이 긍정적이고 만족스러워서 다시 방문하고 또 이용한다. 이전에 구매했던 상표를 다시 사기도 하고, 그것을 생산한 회사의 다른 제품에 관심을 갖거나 혹은 구매해 보기도 한다. 그 식당의 다른 메뉴나 다른 서비스를 이용해보기도 한다. 일 년에 한두 번 방문하거나 구매하는 정도라도 같은 상표나 가게를 지속적으로 이용한다.

또 몇 년이고 같은 상표나 가게를 찾으며, 심지어 식당이 이사를 간다고 해도 새롭게 이전한 장소로 일부러 찾아가는 속성이 있다. 물론 지나치게 거리가 멀어지거나 다니기 불편하면 이용이 중단될 수도 있겠지만, 그래도 초기에는 옮겨간 곳에 가보는 지속성이 있다는 점이다. 이처럼 반복성과 지속성을 동시에 가지고 있는 것이 바로 단골손님의 가장 두드러진 특징이다. 이는 곧 로열티의 가장 우선된 특징이라고 볼 수 있다.

'프레드릭 라이헬드'는 그의 책 〈로열티 경영(원제 The Loyalty Effect)〉에서 로열티가 수익을 증대시키는 이유에 대해서 설명하고 있다. 로열티가 있는 경우는 로열티가 없는 경우와 비교해서 차이점이 있는데, 그것이 바로 '로열티 효과'이다. 이 로열티를 유지·관리하여 높은 성장, 많은 이익, 영속적인 가치증대를 꾀하는 경영을 해야 한다는 것이 그의 핵심적인 견해다.

그의 이론을 살펴보면 그 또한 로열티를 충성도라기보다 '단골'로 이해하고 있음을 알 수 있다. 자사 상품, 내 기업에 대해서 고객들이 더 오래 머무는 것을 로열티로 보고 있으며, 이를 통해 '사람들을 자신들의 고객으로 더 오래 유지하는 것'을 로열티의 핵심으로 보고 있는 것이다.

그의 설명에 따르면, 신규고객을 창출하는 비용은 기존고객을 유지하는 비용보다 6배나 많이 들며, 고객을 5% 유지했을 경우는 그 고객들의 생애가치가 95% 증대한다고 한다. 여기서 기존고객을 계속 유지하는 것을 로열티로 보고 있는데, 이는 곧 앞에서도 설명한 바, 고객을 단골로 만드는 것과 같은 맥락이라고 보면 된다.

## 로열티 효과

단골고객이 많다면 그렇지 않은 경우보다 좋은 점들이 있는데, 이런 좋은 점들이란 로열티가 있음으로서 생기는 로열티 효과이다. 로열티 효과는 매출의 증대와 비용의 감소라는 결과 즉, 수익의 증대를 뜻한다. 수익은 매출에서 비용을 공제한 것을 말하는데, 매출이 늘고 비용이 감소한다면 수익은 증대하기 마련이다. 그러므로 한마디로 말해 '로열티가 있는 경우에 생기는 효과란 결국 수익의 증대'인 것이다. 단골고객 혹은 애호도가 높은 고객들이 어째서 많은 수익을 가져다주는 것일까? 라이헬드는 그 이유를 자신의 책에서 다음과 같이 정리하였다.

• 고객유치비용 절감 : 로열티가 있는 고객들이 많은 경우에는 신규고객을 유치하기 쉬워지며, 고객을 유치하기 위한 비용을 절감하는 효과가 있다. 단골고객들은 주변 인물들에게 자신이 단골로 쓰는 상품이나 서비스를 권유하는 정도가 높은데, 주변 인물들은 사용자의 권유이므로 제품이나 서비스에 대한 신뢰도가 높아져서 비교적 쉽게 그 제품이나 서비스를 구입하게 된다. 이를 통해 별도의 마케팅 비용이 없더라도 신규고객의 창출 효과가 나타나는 것이다.

• 기본 수익의 증대 : 단골고객이나 애호도 높은 고객들의 가장 주된 특징은 반복구매에 있다. 단골고객은 특정 상품이나 특정 상표에서 나온 제품을 계속해서 구매한다. 그래서 고객 1인당 매출이 다른 어떤 고객들보다 높게 마련이고, 이렇게 반복 구매가 일어나면 기업의 입장에서는 기본적으로 매출과 함께 수익 증대가 이루어진다. 우리가 잘 아는 파레토법칙(80:20, 20%의 우수고객이 매출의 80%을 일으킨다)도 이와 상통하는 개념일 수 있다. 여기서 말하는 상위 20%의 고객이 바로 로열티가 있거나 로열티가 높은 단골고객이기 때문이다.

• 고객 1인당 매출의 증대 : 로열티가 있는 고객들은 로열티가 없는 고객들보다 기업에 더 많은 이익을 준다. 같은 제품이나 서비스를 반복적으로 구매하는 것 외에도

'교차 구매(동일한 회사의 서로 다른 상품 군의 제품을 구입하는 경우)'나 '업 세일 구매(동일한 회사의 같은 상품 군에서 좀 더 비싼 제품이나 서비스를 구입하는 경우)', '다운 세일 구매(동일한 회사의 같은 상품 군에서 좀 더 싼 가격의 제품이나 서비스를 구입하는 경우)' 등이 자주 일어난다. 이는 결과적으로 1인당 매출을 높여준다. 로열티가 있는 단골고객들의 경우, 고객 1인당 매출 혹은 구매 시의 객단가(고객 1인당 1회 구입하는 경우의 평균적인 금액)가 일반고객들보다 높기 마련인 것이다.

• 운영비용 감소 : 로열티가 있는 고객들은 기업이나 제품 혹은 서비스에 대해 잘 알고 있기 때문에 효율적으로 행동한다. 기업에 대한 불만도 적고, 조금만 신경 써주어도 고마워하는 모습을 보인다. 따라서 고객들을 유지하기 위한 운영비용이 상대적으로 적게 든다.

단골고객들은 기업 혹은 상표에 대해 호의적이기 때문에 기업이 잘못을 하거나 실수를 했을 경우 그에 대해 너그러운 편이다. 즉 실수에 대한 관용의 범위가 비교적 넓으며, 별도의 관리를 하지 않더라도 쉽게 불만으로 전환되지 않는 속성이 있다. 기업에 입장에서는 이들을 유지 및 관리하기 위한 별도의 운영비용이 적게 들어간다. 기업은 여기서 절약되는 비용을 좀더 로열티를 강화해야 할 필요가 있는 고객층을 위해 사용할 수 있다.

• 추천 및 소개의 효과 : 로열티가 있는 고객들은 제품이니 서비스를 다른 사람에게 소개하거나 추천하는 정도가 높다. 이는 기업에게는 고객유치비용을 절감하고 신규고객을 창출하는 데 도움을 준다. 이는 앞에서도 언급했듯이 단골고객의 특징 중 하나인데, 라이헬드는 이런 추천과 소개를 로열티에서 매우 중요한 것으로 여긴다. 그는 로열티 효과를 설명하는 이유 중에서 로열티가 있는지 없는지를 알 수 있는

하나의 이유를 골라야 한다면 '추천'을 고르겠다고 할 정도이다. 이를 통해서 거꾸로 로열티가 있는지 없는지를 알 수 있기 때문이라고 설명한다. 이것이 바로 추천지수(NPS : Net Promoter Score)의 개념이다.

• 가격 프리미엄을 높임 : 로열티가 있는 고객들은 신규고객들이나 로열티가 없는 고객들보다 실제로 더 많은 가격을 지불한다. 더 나은 상품이나 서비스가 나오면 이를 쉽게 수용하며, 판촉이나 할인 등의 혜택보다는 질적인 우수성이나 더 나은 서비스를 요구하기 때문에 이들을 대상으로 하는 판촉비용이나 할인비용을 절감할 수 있는 것이다.

이런 수익에 대한 중요성이 반영된 것이 바로 '내실 경영을 하자', '고객가치를 창출하여 기업혁신을 하자', 'ROI(Return On Investment)계산하여 기획에 반영하자'는 등의 오늘날 모든 기업들이 공감하는 내용이다. 여기에 로열티가 기본적으로 또는 근본적으로 작용하고 있는 것이다.

따라서 오늘날의 기업들이 고객들의 로열티에 대해서 지대한 관심을 갖고 있는 것은 당연한 일일지도 모른다. 그리고 이제는 로열티에 대한 생각이 '관심을 가져야 한다'는 정도가 아니라 보다 더 '구체성을 띠고 관리해야 한다'는 생각으로 바뀌었다.

## 두 번째 특징

로열티가 있는 단골고객들의 두 번째 특징은 상표나 가게, 기업에 대해서 아주 잘 안다는 점이다. 이는 상표나 가게, 기업에 대해 고객

스스로 정보탐색을 한 결과이기도 하고, 때로는 가게 주인이 설명해준 것을 잘 받아들인 결과이기도 하다. 어느 경우이든, 그 결과로 단골고 객은 상표나 가게에 대해 잘 알고 있다는 점이 두드러진 특징이다.

재미있는 것은 단골고객들이 주변 사람들에게 자신이 구매한 상품이 나 경험한 서비스를 권유하면서 그 이유를 설명할 때, 반드시 자신이 가지고 있는 관련 지식을 이용한다는 점이다. 이러한 특징은 상품이나 서비스에 대해 잘 알고 있는 고객들이 스스로 다른 사람들에게 브랜드 나 기업에 대한 교육을 시키는 효과가 일어난다. 이는 기업의 입장에서 볼 때 광고나 기업광고 등의 비용을 적게 들이고도 상표나 기업에 대한 교육이 이루어진다는 면에서 긍정적이다.

## 세 번째 특징

단골고객들의 세 번째 특징은 '추천'과 '옹호'이다. 추천이란 다른 사람들에게 자신이 경험했던 상표나 가게에 대한 긍정적 경험을 바탕 으로 주변사람에게 상표나 상품을 소개하거나 권유하는 것을 말한다. 경우에 따라서는 추천만으로 끝나는 것이 아니라 상표나 상품에 대한 반대의견에 대해서 방어도 해주는데, 이런 것을 옹호라고 한다.

이렇게 사발적으로 진파하거나 권유하는 경우도 있고, 간접적으로 영향을 주는 경우도 있다. 주변의 지인들이 상품에 대해서 물어오거나 식당에 대해서 문의해 왔을 때, 자신이 경험한 상품이나 식당을 권유하 는 것은 간접적인 경우이다. 반면 문의를 하지도 않았는데 권유하는 자 발적인 경우도 있다.

단골고객들, 즉 로열티가 있는 고객들은 자발적이든 간접적이든 자신이 사용하는 상품이나 서비스를 다른 사람들에게 추천하거나 옹호하는 특징이 있다. 프레드릭 라이헬드는 '일등기업의 법칙'[4]에서 순수 추천지수(NPS)에 대해 설명하면서, 로열티가 있는지 없는지를 판단하는 단 하나의 기준이 있다면 그것은 '이 제품을 다른 사람에게 추천할 의향이 있는가?' 라는 질문이라고 말했다. 이때 추천할 의향이 있다고 대답하면 로열티가 있는 것으로 판단해도 좋다는 것이다. 이는 로열티가 있는 고객들이 자신이 구입하거나 경험한 상품이나 상표를 다른 사람들에게 권하거나 추천하는 특징을 반영한 주장이다.

## 네 번째의 특징

로열티가 있는 단골고객의 경우 관용의 범위가 비교적 넓다. 상표나 가게에 대해서 불만이 있을 경우, 단골고객이 아니라면 곧바로 불만을 터뜨리거나 혹은 두 번 다시 사용하지 않겠다는 마음을 먹는 등의 빠른 반응이 일어난다. 그러나 단골고객들의 경우는 오히려 불만의 원인을 지적하여 고치도록 하거나 혹은 일단 참아주고 다음 기회에 잘못을 지적하겠다고 마음먹는다. 혹은 한 순간의 실수일 것이라 여기면서 참아주기도 한다. 영어식으로 표현하자면 '두 번째 기회(Second Chance)'를 주는 것으로, 즉 잠시 참아주는 속성이 있다는 것이다. 물론 같은 잘못이 반복되면 단골고객이라도 당연히 떠나게 될 것이다. 하지만 아주 큰 실수가 아닌 이상 로열티를 가지고 있는 단골고객들은 많이 참아준다는 속성이 있다.

# 단골고객 만들기, 만족은 촉진제

앞에서 설명한 여러 가지 효과를 살펴보면 단골고객을 만드는 것은 기업의 입장에서 볼 때 매우 중요하다는 것을 알 수 있다. 기업의 목표는 결국 수익을 내는 것인데 단골고객의 로열티효과가 기업에게 더 많은 수익을 가져다줄 수 있기 때문이다. 뿐만 아니라 브랜드와 관련된 단골이 생기는 경우, 즉 브랜드 로열티가 생길 경우 향후 새로운 브랜드로의 확장이나 새로운 사업의 확장에 있어서 아주 중요한 지원세력이 된다. 따라서 기업들은 로열티가 있을 만한 고객들을 발굴하고 관리하여 단골고객으로 만들기 위해 많은 노력을 한다. 그런데 중요한 점은 기업에 대한 것이든 상표에 대한 것이든 로열티를 만들어내는 실체가 무엇이냐 하는 점이다. 사실 로열티를 만드는 데는 정답이 없다. 다만 반드시 필요한 요소가 있는데, 바로 '고객만족' 이다. 고객만족은 로열티를 만들어가기 위해서 중요한 의미를 갖는다. 고객만족을 일컬어 '로열티를 만들어가는 촉진제(Loyalty Driver)' 라고 표현하기도 한다. 그렇다면 마케팅에서의 '만족' 이란 무엇인지 좀 더 자세히 살펴보자.

## 만족

만족이란 과연 무엇일까? 쉬운 개념으로 정리하자면 '만족이란 기대를 충족시킨 것' 이라고 할 수 있다. 고객 자신이 기대한 바와 실제

---

4. 원제는 The Ultimate question; Driving good profits and true growth 이다.

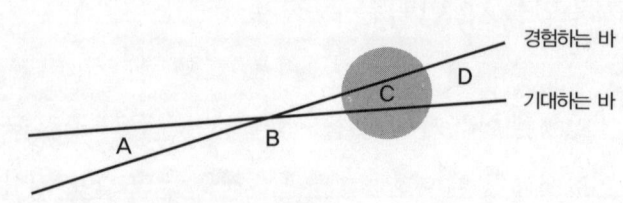

A : 실망—경험이 기대에 못 미침. 심각한 상태
B : 관용—기대와 비슷하거나, 차이가 없거나, 적거나, 조금 나은 상태. 놔두면
　　　불만, 이탈이 시작됨.
C : 만족—기대보다 나은 상태로 바람직한 상태임.
D : 감동—기대한 것 이상으로 감동에 이름.

**만족, 기대와 경험**

경험한 바를 비교하여 볼 때, 경험한 바가 기대를 조금밖에 충족시키지 못했다면 만족이 적을 것이고, 기대를 전혀 충족시키지 못했다면 불만이 있을 것이다. 반대로 경험한 바가 기대한 바에 미치게 되면 만족하게 되고, 경험한 바가 기대 이상으로 충족되면 감동하게 된다.

　좀 더 구체적으로 보면, 기대와 실제 경험한 바를 비교하면 다음 그림과 같이 4가지로 나누어 볼 수 있다. 첫째는 기대에 못 미치는 경우, 둘째는 기대에 미치기도 하고 못 미치기도 하는 임계상황, 셋째는 기대에 미치는 경우, 넷째는 기대를 훌쩍 뛰어넘는 경우이다. 그렇다면 이 4가지 경우들을 로열티와 연결시켜 생각해보자.

**첫째, 경험이 기대에 못 미치는 경우**

　이 경우는 한마디로 표현하면 '불만족 상황'이다. 기대에 못 미쳐서 실망하거나 혹은 부정적인 반응이 나타나게 된다. 이러한 상황에서는 고객의 로열티가 형성되기 어렵다.

더 큰 문제는 이 뿐만이 아니다. 로열티가 형성되기 어렵다는 것 외에도 기업에 더 큰 피해가 올 수도 있다는 점이다. 고객이 불만족을 느꼈을 때 기업의 상품이나 서비스를 구매하지 않는 것으로 그쳤다면 그나마 피해가 적은 것이다. 물론 불만족을 느끼긴 했지만 그로 인해 소비가 이루어지지 않았기 때문에 직접적으로 더 큰 문제가 생길 일은 없다. 하지만 만약 소비자가 경쟁사로 눈을 돌려 경쟁사의 상품이나 서비스를 구매한다거나 소비자가 가진 불만이 다른 사람들에게 전파되는 경우에는 직접적인 악영향이 생긴다. 심지어 법적인 소송으로 발전하거나 언론에 노출되어 뉴스로 나오는 경우에는 치명적이다. 따라서 기업은 소비자들의 불만족을 회피해서는 안 된다. 적극적으로, 전략적으로 관리해야 한다. 이러한 기업의 활동을 '불만관리' 라고 부른다.

보통 기업의 고객만족부서에서 고객만족 뿐 아니라 고객불만을 함께 관리하는 이유가 바로 여기에 있는데, 확실히 중요한 부분이다. 우리나라의 많은 기업들이 고객만족(CS)활동을 전개해온 지 많은 시간이 흘렀다. 고객들 역시 기업들이 전개해온 고객만족 활동을 접하는 데 익숙하며 많은 부분 학습되어 있다고 보면 된다. 그러나 만족 활동에 비해 고객들의 불만에 대해서는 우리나라 기업들이 아직 적극적, 체계적으로 활동하고 있지 않다고 생각된다. 불만관리는 빠른 시간 내에 준비해야 하는 것임이 분명하다.

### 두 번째, 기대에 못 미치기도 하고 부응하기도 하는 임계상황

'쩝. 그 정도면 뭐 아쉬운 대로……' 는 긍정적인 면이 있기는 하지만 강한 긍정은 아니다. 또 '겨우 그 정도야? 하지만 뭐 참아줄 수 있지'

는 부정적인 면이 있기는 하지만 강한 부정도 아니다. 이 상황의 특징은 부정적인 쪽으로 흘러 버리거나 긍정적인 쪽으로 받아들이는 등의 태도 변화가 일어나기 쉽다는 것이다. 만족스럽지 못한 것이 반복되면 불만으로 쏠리기 시작하며, 반면 어느 정도 만족스러운 상황이 반복되면 만족으로 쏠리는 경향이 잠재되어 있다. 그래서 긍정과 부정의 경계선상에 있다는 의미로서 임계상황이라고 한다. 극단적인 긍정이나 부정으로 흐르지 않고 관용을 베풀어주는 상황이라는 점이 특징인데, 기업은 이 상황에서의 고객들이 보여주는 관용을 잘 활용해야 한다. 고객의 마음속에 만족이 잠재해 있는지 아니면 불만이 잠재해 있는지를 분명히 판단해야 하는 것이다. 만족이 잠재해 있다고 판단되면 만족을 키우기 위한 노력을 기울여야 하며, 불만이 잠재해 있다고 판단되면 앞에서 말하는 불만관리에 더욱 노력을 기울여야 한다.

### 세 번째, 경험이 기대에 부응하는 경우

이는 한마디로 만족스러운 상황이다. 이때 이처럼 긍정적이고 만족스러운 상황을 지속적으로 유지하는 것이 중요하다. 이런 만족이 결과적으로 로열티를 발생시키고 이끌어가는 역할을 해주기 때문이다. 반복하자면 그렇기 때문에 만족을 '로열티를 이끌어가는 촉진제(Loyalty Driver)' 라고 부르는 것이다.

### 네 번째, 경험이 기대를 훌쩍 뛰어넘는 경우

이 상황은 고객이 자신이 기대했던 것 이상의 경험을 하게 되어 만족 정도에서 멈추는 것이 아니라 이에 더하여 감동에 이르는 경우다.

이러한 감동이 로열티를 만들거나 유지하는데 중요할 것이라 생각하기 쉽지만 실제로는 매우 위험하다. 고객은 감동을 받으면서 자신이 경험한 내용에 만족하지만 곧바로 같은 경험을 계속해서 기대하기도 하며, 심지어 더 높은 경험을 기대하는 경우가 생기기 때문이다. 즉, 고객의 기대치를 높여버리기 때문에 위험하다는 것이다.

고객의 기대가 높아진다는 것은 그만큼 만족시키기도 어려워진다는 얘기다. 높아진 기대를 만족시키기 위해서는 비용이 과잉 투자되는 경우가 생긴다. 기업의 입장에서 로열티 생성이라는 효과를 감안하여 그 비용을 감당할 수도 있겠지만 결국 이로 인해 최종 수익이 줄어들기 때문에 장기적으로 결코 좋은 방향이 아니다.

만약 이렇게 높아진 기댓값을 충족시키기 못할 경우, 그 전에는 참고 넘어가거나 용인했던 경험들마저 불만으로 떨어지고, 만족했던 내용들도 불만족으로 바뀌기도 한다. 결국 기대를 충족시키기 위한 기업의 노력은 물거품이 되어 버리고, 다시 향후 고객의 만족을 이끌어내기 위해 시간과 비용을 더 소모하게 되는 것이다. 따라서 고객을 섣불리 감동시키는 것은 위험하다.


정리하자면 고객의 로열티를 만들어 가기 위해서는 세 번째 만족이 가장 중요하다. 네 번째 감동은 기업이 지향해서는 안되며 자주 발생해서도 안 된다. 세 번째 정도의 만족, 고객의 기대에 미치는 수준의 만족을 지속시키는 것이 관건이다. 그러므로 로열티를 강화하려면 이러한 만족은 실제로 어디서 발생하는 것인가를 잘 알고, 지속적으로 유지·관리하는 것이 중요하다.

도대체 고객들의 만족은 어디서 발생하는 것일까? 개념적으로는 고객들이 기업의 거의 모든 활동을 접하면서, 혹은 경험하면서 발생한다고 설명할 수 있다. 그리고 이러한 경험들이 구체화되는 지점 바로 접촉점이다. 따라서 고객만족은 고객들이 기업 활동 혹은 제품이나 서비스에 대해서 경험하는 여러 접촉점들에서 모두 일어나야 한다는 것이다.

## 만족이 일어나야 하는 다양한 접촉점

앞에서 만족은 로열티를 이끌어내는 촉진제라고 했다. 그런데 구체적으로 무엇이 만족되어야 하는 것일까? 소비자나 고객의 시각에서 보면, 자신들이 기대한 모든 것들에 대해 충족되어야 한다는 것이 기본적인 입장이다. 얼핏 생각하기에 상품이나 서비스 자체만 고객의 욕구에 만족되면 된다고 생각할 수 있다. 하지만 이는 아주 기본적인 것일 뿐이다. 상품이나 서비스 외에도 그것이 고객에게 전달되는 과정의 모든 것들이 만족스러워야 한다. 다른 말로 바꾸면 로열티를 만들어내는 만족이란 모든 접촉점에서 발생해야 한다는 것이다.

예를 들어, 필자의 이름을 딴 '해동반점'이라는 중국식당이 있다고 하자. '해동반점'은 자장면이 맛있기로 소문난 집이다. 어떤 사람이 해동반점에서 식사를 했다. 그 사람이 단골손님이 되기 위하여, 즉 로열티가 만들어지기 위해서는 어떠한 요소가 충족되어야 할까? 정답은 고객이 '만족'해야 한다는 것이다. 그렇다면 중국식당에서의 고객의 만족이란 어디에서 발생할까? 일차적으로 자장면의 맛이 좋아야 함은 물론이다. 그런데 그것만으로는 충분하지 않다.

아무리 맛있는 자장면이라고 해도 설거지가 잘 되지 않은 더러운 그 릇에 담겨 나온다면 과연 고객이 만족을 느낄 것인가? 또 종업원들이 불친절하더라도 만족을 느낄 것인가? 식당의 조명이 어둡고, 시끄럽고, 청소가 잘 안되어 지저분한 것들이 바닥에 널려 있고, 식탁의 청소도 제대로 되어있지 않고, 주인은 무표정하다면? 그래도 자장면만 맛있다 면 만족할 것인가? 절대로 그렇지 않다.

보기 좋은 음식이 먹기도 좋다고 자장면은 예쁘고 정갈한 그릇에 담겨 나와야 하며, 식당은 밝고 쾌적하여 식사분위기를 망치지 않아야 하며, 종업원들은 친절하고 움직임이 빨라서 원하는 단무지나 물을 더 달라 는 요청도 시원시원하게 처리해주어야 한다. 주인도 친절해야 하고 얼 굴에는 웃음을 띄고 있어야 할 것이다. 이런 분위기여야 맛있는 자장면 이 실제로도 더 맛있게 느껴지고 고객은 만족하게 될 것이다. 그래야 '다음에 또 와야지' 하는 마음이 생길 것이다.

뿐만 아니라 종업원이나 주인이 손님들에게 전달하는 말이나 어투가 이왕이면 상냥하거나 싹싹하거나 시원스러워서 소통하기 편해야 한다. 퉁명스러운 대답이나 말투는 손님들에게 거부감을 준다. 벽에 걸린 그 림도 신경 써야 한다. 인테리어도 식사하기에 불편함이 없도록 보기 좋 아야 하는 것이다. 만약 역겹거나 보기에 짜증나는 그림들이 걸려 있다 면 이는 음식의 맛은 물론 고객의 전체적인 만족에도 분명한 영향을 미 칠 것이다.

이 해동반점의 사례를 기업에 적용해서 생각해보자. 해동반점에서 자 장면이라는 제품은 '본래적인 것'을 뜻한다. 그러니까 기업에서 생산한 기본 제품이라 할 수 있을 것이다. 그리고 그릇, 식당의 분위기, 종업원이나 주인 등은 제품이나 서비스가 고객에게 제공되는 과정에서의 서비스들이다. 또 종업원이나 주인의 말투, 벽에 걸린 그림 등은 커뮤니케이션이라 할 수 있다. 이런 것들이 모두 접촉점들이다.

작은 식당의 예를 든 것이지만, 이 예시에는 접촉점이 분류되는 세 가지 기준이 모두 포함되어 있다. 이처럼 모든 접촉점들에서 만족해야지만 '다음에 또 들려야지' 하는 마음을 먹는 단골고객이 생긴다. 즉, 로열티가 형성되고 또 커지게 되는 것이다.


## 브랜드 로열티


위에서 설명한 바와 같이 다양한 접촉점에서 만족하는 단골고객, 즉 로열티가 있는 고객이 있다고 하자. 그 고객들에게 '이 식당이 어떤 점이 좋아서 자주 들리십니까?' 하고 물어보면 실제 그 고객이 접촉점에서 만족했던 모든 것들이 대답에 나타나지는 않는다. 즉 자장면 맛도 좋고, 그릇도 깨끗하고, 젓가락도 잡기 쉬우며, 벽의 그림도 좋고, 종업원도 친절하고, 종업원들이 시키는 대로 빨리빨리 가져다주며, 주인도 친절하고 싹싹하고……. 이런 다양한 요소들에 대해 각각 만족한다고 대답하지 않는다는 것이다.

오히려 여러 가지 요소 중에서 머릿속에 가장 먼저 떠오르는 내용으로 대답하게 마련이다. '그 식당 맛있고 깨끗해요!' 라든가 '자장면 맛이 훌륭하죠!' 라든가 '종업원들이 친절해요!' 라는 등의 가장 먼저 떠오르는 인상들이나 느낌을 말한다는 얘기다. 이렇게 고객들의 머릿속에 가장 먼저 떠오르는 느낌이나 인상들은 그 식당에서 제공하는 다양한 접촉점에서의 경험이나 만족에 대한 총체적인 느낌 또는 인상을 한마디로 줄여서 표현한 것이다. 다시 말해 그 식당에 대해서 대표적으로 인식하고 있는 내용을 말하는 것이다.

이것을 브랜드와 연결하여 생각해보자. 어떤 브랜드가 있다고 하자. 소비자들이 그것을 사용하고 나면 자연히 그 브랜드에 대해 갖는 인식이나 평가가 따를 것이다. 그런데 앞의 식당의 사례처럼 이러한 인식이나 평가도 브랜드가 제공하는 다양한 면들에 대해서 모두 언급되는 것은 아니다. 예를 들어, '그 브랜드의 디자인이 좋다'는 식으로 표현되는 것이지 '그 브랜드의 색상이나 촉감이나 시각적인 모양이 좋다'는 식으로 표현되지 않는다는 것이다.

이번에는 방향을 반대로 하여 생각해보자. 브랜드에 대한 인식이란 소비자나 고객으로부터 표현되는 것이다. 그런데 소비자나 고객에게는 어떤 과정을 통해 그런 인식이 만들어지는 것일까? 기업은 소비자나 고객들이 자사의 제품이나 서비스에 대해 어떤 인식을 갖기 바란다. 그래서 소비자나 고객들이 그런 인식을 갖도록 광고나 홍보를 통하여 알리게 된다. 또한 종업원들에 대해서도 고객들에게 그러한 인식을 전달하기 위해 종업원들을 교육시키고 프로세스를 마련하기도 한다.

식당을 예로 들어 쉽게 설명해보자. 식당주인이 '친절하다'라는 내용을 앞세워 친절한 서비스를 개발하고, 그런 서비스를 제공하도록 종업원을 교육시켰다면, 소비자나 고객으로부터 친절하다는 평가를 받게 될 것이다. 또한 음식의 '맛'을 강조하며 맛이 훌륭한 메뉴나, 독특한 맛을 개발하였다고 하자. 이를 통해 소비자나 고객들로부터 맛에 대한 만족을 이끌어 냈다면, '그 식당의 음식은 맛있다'는 평가를 받게 될 것이다. 여기서 말하는 '친절하다' 또는 '맛있다'는 평가는 식당 주인이 고객들로부터 얻고 싶은 식당에 대한 인식이다. 바로 이런 것을 '브랜드약속'이라고 한다.

## 브랜드약속

브랜드란 무엇일까? 보통 상품이나 서비스에 붙여지는 이름이 브랜드라고 생각하기 쉽지만, 그런 이름 자체가 브랜드는 아니다. 브랜드(Brand)는 크게 3가지로 구성되어 있다.

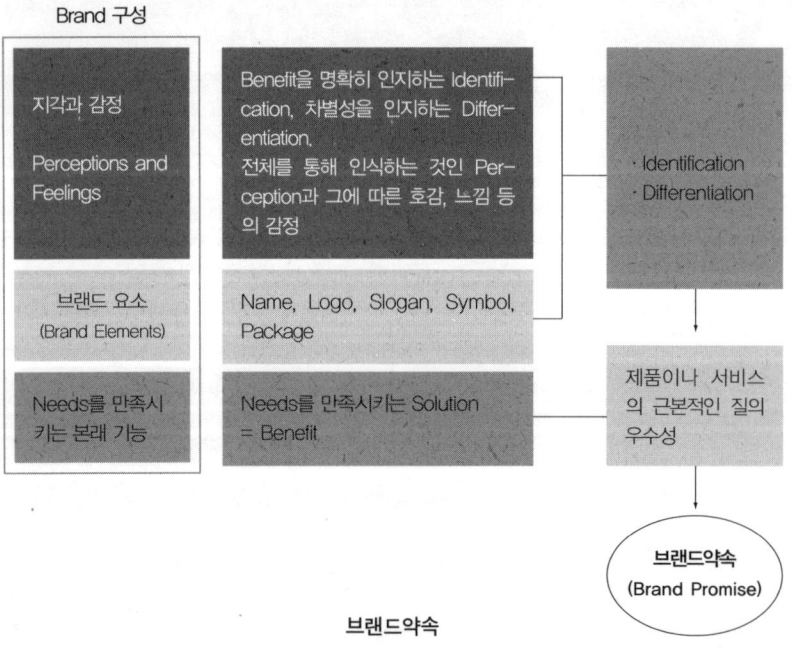

브랜드약속

첫째, 이름이 붙여지는 상품이나 서비스의 본래적인 기능이다. 즉, 소비자나 고객들의 필요와 욕구를 충족시키는 상품이나 서비스의 본래적인 기능이다. 음식의 경우 가장 기본적인 기능은 맛일 수 있고, 휴대폰의 경우는 통화품질일 수 있다. 그러니까 식당이 브랜드로서 유명해지려면 음식맛이 좋아야 하고, 휴대폰이 브랜드로 유명해지려면 통화품질이 우수해야 하는 것이 기본인 것이다. 물론 식당의 위치나 청결성 혹은 종업원들의 친절성도 중요하고, MP3의 기능이나 카메라의 기능, 터치의 기능도 중요할 수 있다. 문제는 소비자나 고객들의 필요와 욕구가 어디에 있는가 하는 점인데, 소비자의 필요와 욕구에 따라 그 중요성은 달라질 수도 있다. 하지만 무엇보다 반드시 전제되어야 하는 것이 제품이나 서비스의 본래적 우수성이다.

맛없는 음식을 내는 식당이 위치가 좋고, 청결하며, 종업원들이 친절하다고 해서 유명해질 것인가? 휴대폰이 MP3기능도 훌륭하고, 카메라도 좋고, 디자인도 좋지만 통화품질이 좋지 않다면 과연 유명한 브랜드가 될 것인가? 아니라는 것이다.

본래적인 기능에 고유한 이름을 붙이면 '상표명(Brandname)'이 된다. 이 상표명을 디자인하고 등록하며, 상표명을 알리기 쉽게 슬로건이나 로고 등을 만드는 모든 것들이 그 상표를 구성하는 요인이다. 이를 '브랜드 요소(Brand Elements)'라고 하는데, 바로 브랜드의 두 번째 요소이다.

세 번째 요소는 본래적인 기능이나 혜택 능에 대한 고객들의 인식, 경쟁 상표와 비교해서 고객들이 느끼거나 지각하는 내용 등이 된다. 즉, 그 상표에 대한 고객들의 지각내용이나 감정이나.

브랜드와 관련하여 이 세 가지 중에서 가장 중요한 것이 무엇인가? 이 질문에 대부분 세 번째인 '지각'을 꼽는 사람들이 많다. 그러나 답은 다르다. 가장 중요한 것은 첫 번째인 '본래적 기능'이다. 유명한 상표를 떠올려보라. 제품의 성능이나 제원이 훌륭하지 않은가? 만약 제품의 기본적인 기능이나 성능이 안 좋아서 소비자나 고객들의 욕구를 만족시키는 데 부족하다면, 그런 제품이나 서비스는 결코 시장에서 성공할 수 없다. 뿐만 아니라 강한 브랜드로 성장하지 못하고 질 나쁜 브랜드로 알려지면서 시장에서 빠르게 도태될 것이 분명하다.

지각과 브랜드의 요소들이 통합되고 다음의 두 가지가 소비자나 고객들의 머릿속에 명확히 형성되어야 브랜드로 성장할 수 있다. 첫 번째는 '이 브랜드는 무엇이다'라고 명시적으로 아는 것이다. 예를 들어 유명한 오토바이인 '할리 데이비슨'을 생각해보자. '할리 데이비슨'이라고 하면, '아하 오토바이!' 하고 누구나 명시적으로 떠올릴 수 있다. 이것을 영어식으로는 Identification이라고 한다. 두 번째는 경쟁 제품이나 서비스 혹은 경쟁 브랜드와 비교하여 차별적인 면들을 알아챌 수 있느냐는 것이다. 할리 데이비슨을 떠올렸을 때 '아하, 듬직하고, 비싸고, 오토바이 중에서 최고 명품이라고 알려진 것!' 하고 다른 것들과의 차별성을 알아챌 수 있어야 하는 것이다.

이렇게 명시적인 이미지, 차별적인 지각이나 감정들이 제품의 기본적인 성능과 합쳐져서 소비자에게 각인되는 것이 바로 브랜드다. 이 세 가지가 통합되어 브랜드를 구성한다고 말할 수 있다.

브랜드약속은 위의 세 가지가 요소가 통합되어 고객들에게 전달하는 가치나 우수한 점, 혹은 혜택 등이 알기 쉽고, 명백하고, 명료하게 정리된 것을 말한다. 이는 기업에서 브랜드를 개발할 때의 중요 기준인 '소비자나 고객들이 우리 제품을 어떤 제품으로 알기 원하는지'에 대한 대답이기도 하다. '포지셔닝(Positioning)'과도 관계가 있는데, 브랜드약속이 소비자나 고객들의 머릿속에 인식된 내용이 바로 포지셔닝이라고 할 수 있다.

기업에서는 제품이나 서비스를 시장에 출시하면서 포지셔닝을 고려하여 브랜드약속을 만들고 그것을 전달하게 된다. 그런데 중간 중간 소비자나 고객들을 조사하여 원하는 방향으로 브랜드약속을 인식하는지 평가해 보아야 한다. 만일 원하는대로 인식되고 있다면 성공적으로 브랜드를 키워나갈 수 있겠지만, 그렇게 인식되고 있지 않다면 빠르게 브랜드약속을 수정해야 한다. 수정해야 하는 경우, 대부분은 소비자나 고객들이 인식하는 내용 그대로를 반영하는 것이 좋다.

브랜드약속은 소비자나 고객들의 인식 속에 분명하게 각인되어 있는 것이 좋다. 그런 브랜드일수록 강한 브랜드라고 할 수 있는데, 로열티가 형성되고 강해지는 것은 그런 브랜드약속을 다양한 접촉점에서 경험하고 만족해야만 가능하다. 그러므로 강한 브랜드 로열티를 만들어가기 위해서는 고객들이 모든 접촉점에서 브랜드약속을 경험하고, 그런 경험이 만족스러워야 할 것이다.

## 로열티 강화를 위하여

제품이나 서비스에 대한 로열티를 만들어가는 것은 수익 창출을 위해서, 그리고 강한 브랜드를 만들기 위해서 매우 중요한 일이다. 따라서 기업주나 마케터들이 많은 관심을 기울이고 있다. 특히, 로열티를 만들어가는 촉진제(Loyalty Driver)로서 '고객 만족'에 많은 노력을 기울이고 있다. 그런데 한 번 더 생각해보면 만족이란 분명하게 로열티를 만들어가는 촉진제이기는 하지만 만족한다고 해서 반드시 로열티가 만들어지는 것은 아니다.

거꾸로 생각해보자. 로열티가 높은 고객들은 분명히 제품과 서비스에 대해서 만족한다. 그러나 그들에게는 단순한 만족만이 아니라 그 이상의 무엇이 있는데, 바로 심리적인 연결 혹은 심리적인 만족이다. 예를 들어 앞에서 설명한 할리 데이비슨 오토바이를 타는 사람들을 생각해 보자. 그 사람들의 모임을 'HOG(Harley. Davidson Owners Group)'라고 하는데, 이는 세계적으로 잘 알려진 커뮤니티로서 국내에도 한국지부가 있다.[5]

이들은 자신들이 타는 할리 오토바이에 대해서 아주 강한 만족도를 가지고 있을 뿐만 아니라 자부심도 대단하다. 그리고 할리에 대한 애정이 깊고, 만족도도 높을 뿐만 아니라 심리적인 연결이 아주 강하다. 할리를 자기 자신의 표현으로 여기기도 한다. "강한 감성적 가치가 고객을 할리 데이비슨으로 이끌고 있으며, 고객과의 관계에 중요한 역할을 하고 있다. 수백만의 사람들이 우리 제품을 타는 꿈을 가지고 있으며, 우리 제품을 구매하기 전부터 감성적 연결이 이루어지고 있다"고 CEO인 짐 지머(Jim Ziemer)는 말한다. 고객들이 느끼는 감성적 연결로는 '남성적', '개성표현', '자기과시', '소속감', '해방감' 등이 있다. 로열티는 바로 이렇게 만족 외에도 심리적인 연결이 강하게 이루어져야만 만들어지는 것이다. 그러므로 로열티를 강하게 만들어 가기 위해서는 다음과 같은 내용이 고려되어야 한다.

**기본적으로 고객접점에서 만족을 이끌어내야 한다.**

고객의 만족은 로열티를 이끌어내기 위한 기본일 뿐만 아니라 로열티를 만들어가는 촉진제임이 분명하다. 그래서 고객들의 만족은 제품이나 서비스를 접하는 중요하고 의미 있는 접촉점에서 일어나야 한다. 즉, 로열티를 만들어 가기 위해서는 고객접촉점에서의 고객만족활동이 기본이라는 것이다. 특히 브랜드와 관련해서는 고객들이 모든 접촉점에서 브랜드약속을 경험하고, 그런 경험이 만족스러워야 할 것이다.

## 브랜드약속을 명확하게 설명하는 스토리를 만들어라

브랜드는 앞에서도 설명한 바, 총체적인 인식이다. 소비자나 고객들 브랜드의 약속, 혹은 브랜드가 자신들에게 주는 가치에 대해 인식한다. 그래서 브랜드약속이나 브랜드가치를 고객들이 인식하기 쉽도록 명료하게 만드는 것이 중요하다.

그런데 이러한 브랜드약속이나 가치를 간단하게 만들기는 어렵다. 오래된 브랜드들의 명성은 사실상 수많은 경험을 오랜 역사를 통해 브랜드약속으로 집약시킨 결과이다. 따라서 신상품이나 새로운 형태의 서비스에 대해서는 처음부터 브랜드가치나 약속을 만들어내는 것이 어렵다.

브랜드를 만들어가는 과정에서 '우리 브랜드는 이러한 것' 이라는 브랜드 콘셉트를 성정하고, '고객들이 이렇게 인식하면 좋겠다' 는 브랜드 포지셔닝 진략도 고려하고, 브랜드콘셉트나 브랜드포지셔닝이 올바로 자리잡혀 가는지 조사도 해야 한다. 많은 기업들이 브랜드약속이나 가치를 만들기 위해 다양한 노력을 기울이는 것도 강한 브랜드를 만들기

---

5. http://www.hog-korea.com/

위한 일환인 것이다.

　이런 노력에 한 가지를 더한다면, 브랜드 이야기를 만들어보라는 것이다. 유명한 브랜드마다 고유한 이야기, 전설적인 이야기들이 숨겨져 있다. 삼성 애니콜의 초창기에 떠돌던 이야기를 예로 들어보자. '등산가서 조난당한 사람들이 있었는데, 구조요청을 하느라고 서로들 가지고 있던 휴대폰을 이용해 보았지만 깊은 산 속이어서 잘 터지지 않았다. 그러나 애니콜만이 유일하게 터져서 구조될 수 있었다'는 것이다. 물론 이 시점에서 삼성 애니콜의 광고는 '한국 지형에 강하다'는 모토를 강조했다. 단순하게 '한국지형에 강하다'라는 주장보다는 그러한 주장을 뒷받침해 주는 브랜드 이야기가 고객들에게 더 쉽게 와 닿고 이해되는 것이다.

　이뿐 아니다. 역사상 유명한 회담에서 영수들이 사인을 할 때 사용했다는 '역사를 설명하는 파카 만년필', 2차 대전 당시 수류탄 대신에 던졌다거나 혹은 베트남 전쟁 당시 가슴에 넣어놨더니 날아오는 총알을 막아주었다는 지포라이터의 이야기 등 믿기 어렵지만 실제로 이런 이야기들이 흘러 다닌다는 사실을 명심하자. 꼭 전설 같은 이야기가 아니더라도 브랜드약속을 뒷받침하는 이야기들을 만들어내는 것이 로열티를 강화를 위한 심리적 연결고리 형성에 도움이 되는 것은 분명하다.

## 브랜드커뮤니티를 만들고 이용해라

　로열티를 가진 고객들이 모일 수 있는 브랜드커뮤니티를 만드는 것도 중요하다. 로열티가 있는 고객들은 그 브랜드와 강한 유대감이 있기 때문에 커뮤니티를 만들어 정보를 교류하도록 도와주어야 하는 것이다. 브랜드커뮤니티에 가입하는 고객들은 그렇지 않은 고객들보다 브랜드에 대해서 더 많은 관심이 있다. 또 로열티가 높은 단골고객인 경우가 많으므로 가입 결과 자체만으로도 로열티를 가늠해볼 수 있다. 뿐만 아니라 고객들이 커뮤니티에서 새로운 정보나 상품에 대한 정보들을 교류하는 것도 기업에 큰 도움이 된다.

앞에서 설명한 HOG의 한국지부 사이트도 브랜드커뮤니티의 하나이다. 일반적으로 브랜드를 홈페이지 주소로 갖는 사이트들의 공통적인 성격은 이런 식으로 커뮤니티를 형성한다는 것이다. 한국 존슨 앤 존슨의 제품 중에서 '클린 앤 클리어'라는 10대를 겨냥한 화장품이 있다. 이 제품은 1995년 출시할 때부터 브랜드커뮤니티를 만들어 운영해 왔는데(http://www.cleanandclear.co.kr), 그 사이트 안에서 고객들은 새로운 상품의 정보를 교류하기도 하고, 학교생활이나 지식에 대해 공유하기도 한다. 커뮤니티는 이러한 교류를 돕기도 하고 그들을 대상으로 하는 이벤트를 마련하기도 한다. 여기에 가입하여 활동하는 10대들은 클린 앤드 클리어 브랜드의 틀림없는 단골고객이라고 볼 수 있다.

# Chapter 03

# 커뮤니케이션이
# 이루어지는 접촉점

통합된 마케팅 커뮤니케이션(IMC : Integrated Marketing Communi-cations)에서는 접촉점을 '상표접촉점(Brand Contact Point)'이라고 부른다. 그리고 접촉점을 커뮤니케이션의 경로, 혹은 채널이나 미디어로 본다. 그러므로 IMC는 다양한 커뮤니케이션을 통합한다기보다 커뮤니케이션의 경로인 접촉점들을 통합한다는 관점으로 이해해야 한다.

통합된 마케팅·커뮤니케이션의 올바른 이해를 위해서는 접촉점에 대한 이해가 필수적이다. 이를 먼저 알아야 통합된 마케팅 커뮤니케이션에서 말하는 실행모델도 이해할 수 있기 때문이다. 아울러 '통합된(Integrated)'이라는 표현을 왜 사용하는지도 알 수 있다.

이 장에서는 접촉점을 커뮤니케이션 경로로 이해하는 IMC에 대한 설명할 것이다.

# 접촉점은 커뮤니케이션의 경로

1장에서 설명했던 접촉에 대한 정의를 돌이켜보자. 접촉이란 '소비자가 제품이나 서비스, 혹은 제품이나 서비스가 관련된 시장에서 정보를 얻게 되는 경험'이라고 정의했다. 곧 접촉점은 소비자나 고객이 정보를 얻게 되는 경험이 발생하는 지점이다. 그러므로 접촉점은 정보를 얻게 되는 경로의 역할을 하고 있음을 알 수 있는데, 정보를 얻게 되는 경로라는 것은 결국 커뮤니케이션에서 '채널'이나 '미디어' 등이 되는 것이다.

기존의 통합된 마케팅 커뮤니케이션(IMC)에서의 '통합(integreted)'은 마케팅 커뮤니케이션의 통합을 의미한다. 하지만 사실상 '통합'은 마케팅 커뮤니케이션이 아니라 '접촉점들의 통합'을 의미한다. 이 점이 이전에 알려졌던 통합된 마케팅 커뮤니케이션과 사뭇 다른 점이다. 이렇게 접촉점의 관점에서 통합된 마케팅 커뮤니케이션을 본다는 것이 기존 마케팅 이론과 이 책에서 다루는 내용의 차이다. 우선 이전에 알려졌던 '통합된 마케팅 커뮤니케이션(IMC)'에 대해서 알아보자.

## 마케팅 커뮤니케이션의 통합

지금까지 알려진 '통합된 마케팅 커뮤니케이션(IMC)'은 앞에서 말한 바, 마케팅 커뮤니케이션들을 합쳤다는 의미의 통합된 모습이었다. 1992년도 미국의 마케팅 협회가 다음과 같이 정의하였는데, 정의에서도 이 내용을 명확하게 설명하고 있다.

광고, 디렉트 마케팅, 판촉, 홍보 등 다양한 커뮤니케이션 수단들의 전략적인 역할을 인식하고 이들 수단들을 명료하고 일관적이며 최대한의 커뮤니케이션 효과를 거둘 수 있도록 결합하는 마케팅커뮤니케이션 계획이다.

그동안 이 정의에 따라서 '통합된 마케팅 커뮤니케이션', 또는 'IMC'라고 하면 마케팅 목적의 커뮤니케이션들을 통합하는 것이라고 생각하고, 그 방법상에서 여러 가지 마케팅 커뮤니케이션들의 메시지를 일관성 있게 유지하는 데 집중을 하였던 것이다. 브랜드약속과 관련되거나 제품이나 서비스가 제공하는 편익에 초점을 맞추어 커뮤니케이션이 시너지 효과를 낼 수 있도록 전술적 차원에서 통합에 노력했다는 것이다.

그래서 'One Team, One Voice'라든가 'One sight, One Sound' 등 모든 메시지가 한 목소리를 내는 데에 집중하였고, 기업의 각 관련부서의 긴밀한 협조가 요구되었다. 광고나 홍보, 혹은 세일즈 프로모션, 이벤트 등의 모든 관련 부서와 메시지들이 하나의 목소리를 내는 것에 집중·노력했던 것이다.

특히 종합광고대행사들이 IMC를 해야 한다고 강하게 주장해왔던 데에는 이런 생각이 바탕이 되었다. 광고대행사의 여러 기능을 동시에 구입하라는 논리가 되기 때문이었다. 종합광고대행사에서는 광고부서와 홍보부서, 프로모션부서의 모든 서비스들을 통합해서 제공할 수 있었기 때문에, IMC의 이런 정의는 종합광고대행사들의 종합서비스를 구입해야 하는 이유에 대해서 아주 적당하고 좋은 논리를 제공해주었다는 말이다.

그런데 최근 이런 통합된 마케팅 커뮤니케이션에 대한 정의가 변화되었다. 새롭게 변화된 정의는 마케팅 목적의 커뮤니케이션을 통합하는 것과는 아주 다른 모습이다. 2002년도에 발표된 새로운 정의는 다음과 같다.[6]

> IMC란 꾸준하게 현재, 잠재고객과 관련된 내외부의 이해집단에 대해 측정가능하고 설득적인 브랜드커뮤니케이션 프로그램을 기획하고 개발하며 실행하고 평가하는 등의 일련의 전략적 사업과정이다.

새로운 정의는 과거의 정의와 사뭇 다르다. IMC를 '마케팅 커뮤니케이션 계획'으로 보는 것이 아니라 '전략적 사업과정'이라고 보는 것이 가장 큰 차이점인데, 전략적 사업과정이라는 의미 속에 접촉점에 대한 부분이 감추어져 있다.

## '통합된'이란 접촉점들의 통합을 의미

IMC는 'Integrated Marketing Communications'를 줄인 말인데, 우리나라에서는 '통합적 마케팅 커뮤니케이션' 또는 '통합 마케팅 커뮤니케이션'이라고 잘못 번역해서 사용하기도 한다. 올바른 번역은 '통합된 마케팅 커뮤니케이션'이다. '통합된'이라는 번역의 차이는 Integrated 라는 단어가 과거분사형이기 때문에 발생한다. 과거분사형은 '수동'과 '완료'의 의미를 갖는다. 그러므로 '통합되어 있다'는 것이 정확한 의미이며, 따라서 '통합된'이라는 표현이 옳다는 것이다.

여기서 '통합된'이라는 표현을 더 파헤쳐보자. 과연 '무엇이' 통합되었다는 것일까? 이 질문에 당연하게 '마케팅 커뮤니케이션들이 통합된 것이다'라고 대답할 수 있겠지만, 좀 더 생각해보자. 도대체 마케팅 커뮤니케이션들의 '무엇이' 통합되어 있는 것일까?

1992년도의 정의에 따르면, 그때의 IMC는 마케팅 커뮤니케이션들이 통합되었던 것이 분명하다. 그러나 2002년도 새로운 정의를 보면 마케팅 커뮤니케이션이 통합되었다는 말도 없거니와 오히려 '전략적 사업과정'이라는 표현이 첨가되었다. 통합과 관련된 말을 연상시키는 어떤 단어도 없는데, 이는 겉으로 표현되지 않았을 뿐 전략적 사업과정이라는 말 속에 통합의 의미가 스며있기 때문이다.

### 접촉점들의 통합

'통합되었다'는 표현에서 수동과 완료의 의미를 다시 생각해보자. 수동의 의미는 소비자나 고객들이 마케팅 커뮤니케이션 상에서의 메시지를 통합해서 인식하고 있으므로 마케터나 기업은 그런 통합된 것을 활용한다는 뜻이다. 다시 말해 마케터나 기업이 주체가 되어 통합하는 능동형이 아니라, 소비자나 고객이 통합한 것을 활용한다는 수동형 의미가 담긴 것이다. 그리고 이미 그런 통합이 이루어져 있는 것을 활용한다는 의미에서 완료의 의미를 갖는다.

소비자나 고객이 마케팅 커뮤니케이션 상의 메시지를 통합하여 인식하는 경우, 그 인식의 경로는 바로 접촉점이다. 즉, 접촉점이란 고객의 인식이 만들어지는 커뮤니케이션의 메시지를 담은 그릇, 곧 채널인

---

6. Don Schultz, Heidi Schultz, IMC-The Next Generation, (New York; McGraw-Hill, 2003), pp. 20~21

것이다. IMC에서는 이렇게 접촉점들을 커뮤니케이션 경로로 보고 있기에, 이런 접촉점들을 통합하여 마케팅 목적의 커뮤니케이션을 하는 것을 바로 '통합된 마케팅 커뮤니케이션'이라고 하는 것이다.

### BTL, ATL 그리고 TTL

광고대행사들은 ATL이니 BTL이니 하는 말을 자주 쓴다. ATL이란 'Above The Line', BTL은 'Below the Line'의 줄임말이다. 그런데 여기서 'The Line'이란 무엇일까? 무엇을 기준으로 '선 위에' 혹은 '선 아래'라는 표현을 쓰는 것일까?

이는 회계(Account)에서 쓰는 용어로부터 비롯된 것이다. '적자가 났다'거나 '흑자가 났다'는 말도 같은 맥락인데, 회계장부의 손익부분에서 이익보다 손실이 많은 경우 붉은 글씨로 적기 때문에 '적자'라고 하고, 이익이 나면 검정색 글씨로 적기 때문에 '흑자'라고 한다. 이와 마찬가지로 사업의 주된 영역에서 난 이익과 부수적인 영역에서 난 이익을 구분하기 위해 줄을 그은 것을 '선'이라고 한다. 그러므로 '선 위에'라는 의미의 ATL은 기업에 수익을 가져다주는 주된 사업영역을 뜻하며 BTL은 부수적인 사업을 뜻한다.

광고대행사의 경우 주된 수입이 매체대행수수료[7]기 때문에 광고를 위해 조사하고, 기획하고, 만들고, 매체를 구입하는 모든 활동을 ATL이라고 한다. 그리고 그 외의 프로모션이나 이벤트 등은 BTL이라고 한다. 이런 구분이 마케팅에서만 통용되는 것은 아니다. 또 이미 광고업계나 마케팅에서는 일반화되어 있는 것 같으니 그대로 사용하자. 광고대행사들도 인정하고 있는 사실인데, 오늘날의 소비자들은 다양한 매체를 접촉한다. 그래서 과거에 4대 매체(TV, 신문, 잡지, 라디오)라고 부르는 것들 외에도 다른 다양한 매체들을 접촉하며, 그런 매체들의 접촉 빈도가 늘어나면서 중요성도 늘어나고 있다.

또한 오늘날의 소비자들은 매체접촉만을 하는 것이 아니다. 블로그나 미니홈피를 운영하는 커뮤니케이션의 주체이기도 하다. 그리고 활용하는 매체도 다양하다. 그래서 지난날의 잣대로는 알기 어렵다. 이는 곧 ATL보다 BTL이 더 중요해지고 있다는 뜻이다. 그래서 ATL과 BTL의 구분을 짓지 않는다는 의미로 TTL(Thru The Line)이란 말도 등장하고 있다.

이런 TTL의 개념이 IMC의 개념과 동일하다. 즉 고객들이 접촉하는 다양한 접촉점(4대 매체 외에도 홍보나 이벤트, 또는 개인화된 매체 등)을 통해서 커뮤니케이션 해야 한다는 생각이 IMC와 동일한 것이다. 즉 ATL, BTL의 구분을 짓지 않고 커뮤니케이션을 해야 한다는 것이 곧 IMC인 것이다.


## IMC의 4가지 수준

보통 IMC를 실행하는 데 있어서 4가지 수준이 있다고 말한다. 낮거나 초보적인 수준부터 높거나 발전된 수준으로 4가지 단계가 있다는 말이다. 낮은 수준에서 높은 수준으로의 4단계 수준 구분은 접촉점들을

---

7. 매체대행을 하지 못하면 광고대행사가 아니라, 제작대행사이다. Ad Age가 발표하고 구분하는 기준에 따르면 광고대행사의 규모를 말할 적에도 매체대행수수료의 수입이 전체 수입의 85% 이상을 대규모 대행사라고 한다.

활용하는 것과 관련이 깊다.

간략히 설명하자면 첫 번째는 초보적인 수준으로 일반적으로 이해하고 있는 IMC의 모습이다. 이는 접촉점에 대한 생각이 전혀 없는 마케팅 목적의 커뮤니케이션들의 통합이다. 두 번째 수준은 마케팅 커뮤니케이션의 방향을 고객의 입장으로 전환하는 것인데 여기서 비로소 접촉점을 인식한다. 세 번째 수준은 접촉점을 관리하여 커뮤니케이션을 할 때 IT 기술을 활용하는 것이며, 가장 높은 수준인 네 번째는 그런 IMC 활동에 맞춰 조직 전체가 바뀌는 것을 말한다. 이 4가지 단계에 대해 좀 더 구체적으로 알아보자.

고급수준

**재정, 전략적 통합 수준**
앞의 단계를 거치며 수집한 고객정보를 기업의 전략적 기획에 반영하는 단계. 고객중심으로 조직 변경도 가능한 단계. ROI 측정 등 모든 부분이 통합 운영.

**IT 기술을 통합에 활용, 이용하는 수준**
IT 기술을 이용하여 핵심고객을 찾아내고 그들에 대한 가치평가를 하고 내외 마케팅 커뮤니케이션에 대한 효과를 관측하는 등 경험적인 DB를 활용하는 단계. 접촉점을 활용하는 데 IT기술을 활용하는 수준.

**소비자로부터 전략을 고려하는 수준**
모든 기획과 전략을 소비자로부터 시작하는 단계. Outside-In Approach 실시. Contact Management를 고려하여 마케팅 커뮤니케이션 기획을 실시한다. 즉, 고객접촉점을 통합하는 수준.

**마컴 수단들의 전술적 통합 수준**
다양한 대외 마케팅 커뮤니케이션 요소들의 일관성을 유지시켜 시너지 효과를 낼 수 있도록 하는 전술적 통합단계. 'One Team, One Voice', 'One Sight, One Sound'라는 Cross Functionality가 중요. 일반적으로 이해하는 IMC의 모습은 바로 이 수준.

초보수준

IMC 수준

• 첫 번째 수준 : 초보적인 수준을 말하는데, 이는 기존의 마케팅 커뮤니케이션들을 전술적 차원에서 통합하는 수준을 말한다. 우리가 지금까지 알고 있었던 1992년도 정의에 따르는 통합이다. 마케팅 목적의 여러 가지 커뮤니케이션, 예를 들어 광고나 홍보 또는 세일즈 프로모션이나 이벤트 등을 통합하여 사용한다는 것이다.

이는 곧 마케팅 커뮤니케이션의 요소들 중에서 가장 중요한 '메시지의 일관성'을 유지하는 것을 말한다. 즉 브랜드약속을 광고나 홍보 등의 여러 마케팅 커뮤니케이션 메시지에서 동일하게 사용하는 것, 광고나 홍보, 이벤트, DM, 판촉 등에서 일정한 형식을 사용하는 것 등을 말한다. 그래서 핵심 역량을 'One Team, One Voice' 라든가 'One Sight, One Sound' 등으로 설정하여 모든 메시지가 한 목소리를 내는 데에 집중하였고, 기업의 각 관련부서의 긴밀한 협조(Cross Functionality)가 요구되었던 것이다.

• 두 번째 수준 : 마케팅 목적의 커뮤니케이션을 통합하는 데 있어서 모든 기획과 전략을 소비자나 고객의 입장으로부터 출발하는 것을 말한다. 이를 IMC에서는 '밖에서 안으로의 전략(Outside-in Approach)' 이라고 하는데, 핵심역량은 고객에 대한 이해이다. 이 수준에서는 소비자나 고객의 행동과 대도에 대해서 보다 깊이 이해하려고 하며 소비자나 고객의 관심, 불만, 요청 등에 대해서 잘 파악하려고 한다. 또 그런 것에 대한 정보를 영업부서나 고객서비스 부서로부터 정기적으로 피드백 받으며, 그런 정보를 전사와 공유하여 보다 밀접한 커뮤니케이션을 하려고 한다.

바로 여기에서 접촉점과 연결될 수 있다. 이 수준에서는 고객에 대한 이해의 출발이 고객과의 접촉점을 활용하는 것에서부터 시작되기 때문이다. 쉽게 말해서 커뮤니케이션을 통합한다기보다 접촉점을 커뮤니케이션의 경로로 보고 접촉점들을 통합한다는 말이다.

첫 번째와 두 번째 수준의 가장 큰 차이점은 커뮤니케이션을 기획하거나 전략을 바라볼 때 관점 자체가 다르다는 것이다. 첫 번째 수준에서는 마케터의 역량에 의존하지만, 두 번째부터는 소비자나 고객에 의존하며, 접촉점을 통합한다는 점이 다르다.

• 세 번째 수준 : 이 수준에서는 고객의 행동과 태도에 대한 이해, 그리고 고객과의 접촉점 통합을 하는 데 정보기술(IT)을 활용한다. 고객의 행동과 태도에 대한 이해는 소비자나 고객(잠재고객이나 현재고객, 경쟁고객, 단골고객 등)에 대한 데이터 베이스를 수집·가공·저장하고, 관리하며, 실행하는 것에서 시작된다. 또 고객과의 접촉점을 통합하는 데에도 정보기술을 이용한다.

이 수준에서 실행하는 IMC의 모습은 CRM에서 실행하는 '다채널 커뮤니케이션( Multi-Channels Communication)'과 같아진다. 즉, 데이터베이스를 활용하여 ATL, BTL[8]의 구분 없이 여러 채널을 이용하는 CRM에서의 커뮤니케이션의 모습과 같아진다는 것이다.

• 네 번째 수준 : 가장 높은 수준의 IMC를 말한다. 독자적인 부서가 생기고, 데이터베이스를 활용하여 폐쇄된 순환구조(Closed-Loop)를 통한 커뮤니케이션을 하게 된다. 이때 마케팅 커뮤니케이션 활동의

효과를 측정해야 하는 필요성과 그 절차를 갖추고 있어 마케팅 커뮤니케이션의 투자환수(ROI)를 단기적으로, 혹은 장기적으로 측정하려는 노력이 생긴다. 뿐만 아니라 기업의 전사적인 전략 및 목표에 IMC를 일치시키려는 노력도 하게 된다. 현실적으로 세 번째 수준의 IMC를 하거나 할 수 있는 회사들은 많다. 고객 데이터베이스를 활용하는 시스템을 이용하는 것인데, 현재 고객관계관리(CRM)를 하고 있는 회사들이 바로 그런 경우다. 고객관계관리에 필요한 제반 시스템과 솔루션들을 갖춘 회사들의 경우, 고객을 이해하고 고객행동과 태도를 알 수 있는 데이터베이스를 이미 구축하고 있다.

또 커뮤니케이션의 경우도 접촉점관리를 통하여 실행하고 있다. 고객관계관리를 하는 과정에서의 커뮤니케이션은 IMC와 매우 흡사하다. 이름만 다채널 커뮤니케이션이라고 부를 뿐, 접촉점을 커뮤니케이션 경로로 보고 그 접촉점을 통합하는 측면은 동일하다.


## 실행 모델에서 보는 접촉점

접촉점들을 커뮤니케이션 경로로 보고 통합하는 것은 IMC의 실행 모델에서도 나타난다. IMC를 주창한 슐츠(Don E. Schultz) 교수가 제안하는

---

8. Above The Line, Below the Line의 줄임말인데, 회계 용어이다. 주 수입원과 아닌 것을 구분하기 위해 장부상에 선을 긋는데, 이것이 The Line이다. 위쪽에 차지하는 것이 주 수입원, 아래쪽이 부수적 수입원이다. 광고대행사에서는 4대 매체에 광고를 싣기 위한 광고기획, 제작, 매체구입 및 기획 등이 주 수입원이므로 ATL이라고 부르고, 프로모션이나 홍보 등은 부수입원이기 때문에 BTL이라고 부른다.

| 데이터베이스 | | |
|---|---|---|
| **1. 고객 / 잠재고객 파악**<br>– 고객데이터<br>– 타깃 집단별 행동 유형 | 사용, 행동 패턴 / 인구통계학적 특성 / 지역 특성 / 심리적 요인 등등 | | |
| | 현재고객 | 경쟁고객 | 이탈고객 |
| **2. 고객 / 잠재고객 평가**<br>– 가치평가<br>– 행동목표 | 제품 사용량/ 잠재규모 | 제품사용량 / 잠재규모 | 제품사용량 / 잠재규모 |
| | 유지/ 확장/ 이동 | 유지/ 확장/ 이동 | 유지 / 확장/ 이동 |
| **3. 메시지 개발, 전달**<br>– 목표<br>– 마케팅커뮤니케이션 수단<br>– 접촉수단 | **접촉관리** | **접촉관리** | **접촉관리** |
| | 메시지/ 인센티브 | 메시지/ 인센티브 | 메시지 / 인센티브 |
| | 크리에이티브 / 전달 | 크리에이티브 / 전달 | 크리에이티브 / 전달 |
| **4. ROI 측정, 성과 파악**<br>– 장기, 단기 / 투자회수 | ROI / ROCI 추정 | ROI / ROCI 추정 | ROI / ROCI 추정 |
| **5. 평가, 배분, 재배치**<br>– 평가, 단계별 수정<br>– 데이터베이스 재배치 | 평가 / 배분 | 평가 / 배분 | 평가 / 배분 |
| | 다시 1단계로 | 다시 1단계로 | 다시 1단계로 |

IMC Planning Model

IMC실행 모델은 최근 서적에도 소개되어 있다. 윗 그림을 참고하라.[9]

　IMC의 실행 모델을 순서대로 살펴보면, 중간쯤 메시지를 개발하는 단계에서 접촉관리 하는 부분이 나타난다. 이 부분이 바로 접촉점을 커뮤니케이션 경로로 보고, 올바르고 효과적인 접촉점들을 찾아내어 통합하고 메시지를 보내는 지점이다. 이 부분에 이르는 과정까지만 잠시 살펴보자. 여기서는 접촉점을 다루는 것이지 IMC의 실행모델 전체를 다루는 것이 아니기 때문에 접촉점을 통합하는 과정까지만 설명하겠다.

## 데이터베이스로부터 출발

IMC의 실행 모델을 살펴보면, 데이터베이스에서부터 출발한다. 데이터베이스를 분석하여 현재고객과 잠재고객, 그리고 경쟁고객 등 마케팅 목적에 따른 고객을 찾아낸다.

IMC 이론에서 데이터베이스를 활용하는 점이 소개되던 초창기에 'IMC가 데이터베이스와 다를 바가 무엇인가?' 하는 지적이 나온 적도 있다. 고객데이터베이스로부터 출발한다는 점에서 같았기 때문에 그런 지적을 받은 것이다. 만약 고객들 전부에 대한 데이터베이스를 가지고 있다면, 그것은 데이터베이스 마케팅과 동일하다고 할 수 있다. IMC가 '고객데이터베이스에서 출발한다'는 것은 다음과 같은 의미다. 고객들의 데이터베이스를 활용하여 고객을 보다 심층적으로 이해하고, 같은 속성을 가진 일반고객들에게도 접근하기 위해 대중마케팅 전략을 활용하는 것, 그리고 데이터베이스 안에 기록된 고객들과 일대일 마케팅을 하려는 것을 모두 다 포함한다는 뜻이다.

예를 들어 표본집단을 찾아내어 조사를 하고, 조사 내용을 해석할 때나 어떤 과제에 적용하려고 할 경우에는 그 내용을 일반화시킨다. 오차 범위 안에서 일반화시키는 것은 별 문제가 되지 않는다. 표본이 전체를 대표한다는 사실을 인정하기 때문이다.

마찬가지의 개념으로 데이터베이스 안에 기록된 고객들은 전체고객들의 일부이기는 하지만, 전체고객을 대표하는 것은 아니다. 그래서

9. Don Schultz and Heidi Schultz, The Next Generation of IMC; Five Steps for delivering value and measuring returns using marketing communication(New York : McGraw-Hill, 2004) : p.70

데이터베이스 안의 고객들에 대한 정보만을 가지고 일반화하는 것은 문제가 된다. IMC에서는 그것을 일반화하려는 것이 아니다.

유전인자(DNA)를 생각해보면 쉬운데, 해당 고객들의 특성에 해당하는 유전인자를 파악해서 그것과 동일한 고객들을 확보하거나 유지하려는 목적으로 활용하는 것뿐이다. 따라서 데이터베이스 안에 기록된 고객들의 특성을 파악하고 활용하는 것은 비슷한 속성을 가진 고객들을 확보하기 쉽다거나, 비슷한 속성들을 가진 고객들이 반응하기 쉽다는 사실을 이용하는 것이다.

사실 어떤 기업도 고객 전부에 대한 데이터베이스를 가지고 있을 수는 없다. 우리나라의 경우 SK그룹은 SK텔레콤, SK엔크린카드, OK캐쉬백 등을 통하여 경제인구 거의 모두에 해당하는 데이터베이스를 가지고 있기는 하지만, 엄밀히 따지면 각 부서에서 자신의 업무에 필요한 수준의 데이터베이스를 가지고 있을 뿐이다. 고객 전부의 데이터베이스를 확보하고 있다고는 할 수 없다.

하지만 핵심고객이나 전략상 필요하다고 보이는 고객들의 데이터베이스를 분석하여 그 내용을 활용하는 것은 중요하며, 특정 제품을 구입하는 고객들의 특성, 일정 기간을 반복해서 구매하는 고객들의 특성, 경쟁품을 더 많이 구매하는 고객들의 특성 등을 찾아내면 된다. 경우에 따라 대중(Mass) 마케팅에서 활용하는가, 일대일 마케팅에서 활용하는가만 구분하면 되는 것이다.

## 표적 고객들의 확인

IMC에서는 표적고객을 찾아내는 방법도 일반적인 방법과 조금 다르다. 표적고객을 찾는 것은 마케팅 전략의 핵심인 STP(Segmentation-Targeting-Positioning)의 첫 출발이다. 그래서 일반적이고 전통적인 마케팅에서는 세분화(Segmentation)라는 방법을 사용한다. 세분화 방법에는 여러 가지가 있지만, 일반적으로는 특정한 기준을 가지고 고객층을 나누어 분류해보는 것이라 할 수 있다.

그런데 IMC에서는 조금 다르다. 세분화 방법을 사용할 수 없는 것은 아니지만 데이터베이스를 사용하기 때문에 주로 '군집화(Agregation)'라는 방법을 사용한다. 세분화와 군집화는 타깃 고객층을 찾고자 하는 목적은 분명하게 동일하다. 하지만 그 방법에 있어서는 판이하게 다르다. 세분화가 특정한 변인들을 기준으로 해당고객을 선별하여 나누어 보는 것이라면, 군집화는 특정한 변인들을 기준으로 해당고객들을 데이터베이스로부터 추출하여 모으는 것이라고 이해하면 쉽다.

---

### 세분화와 군집화

STP(Segmentation-Targeting-Positioning)는 마케팅 전략의 근간이다. 여기서 Segmentation이란 표적시장을 여러 가지로 나누어 보는 것을 말한다. 그리고 이를 '시장 세분화'라고 표현한다. 이렇게 여러 가지로 나누어 본 세분화된 시장(Segments) 중에서 가장 성과가 크거나 효과적인 시장을 선택한다. 그러면 그것이 표적시장(Target)이 된다.

시장을 세분화하는 방법으로 주로 사용하는 것들이 미리 정해진 기준을 가지고 시장을 분류해보는 것인데, 인구통계학적인 변인에 해당하는 나이, 거주지역, 수입 정도, 학력 정도 등을 이용하거나 제품의 사용과 관련하여 중사용자, 경사용자, 소량 사용자 등으로 나누기도 한다. 또 라이프스타일과 관련하여 취미나 생활 속의 활동 등을 참고하기도 한다.

그런데 소비자나 고객에 대한 정보를 데이터베이스로 수집·등록·보관·관리하는 요즘은 이런 활동을 하는 방법에 있어서 '나눠본다' 기 보다 '집합해서 본다' 는 것이 더 옳은 표현일 것이다. 즉, 어떤 변인을 가지고 그것에 해당하는 고객들의 데이터베 이스를 모으면 된다는 것이다. 이런 사고가 시장 세분화와 군집화의 차이점이다.

둘의 공통점은 표적시장을 찾아낸다는 것이다. 차이점은 분류해서 보는 것이 세분 화라면, 비슷한 속성의 데이터베이스를 모아보는 것이 군집화다. 이 개념을 그림으로 표현하면 다음과 같다.

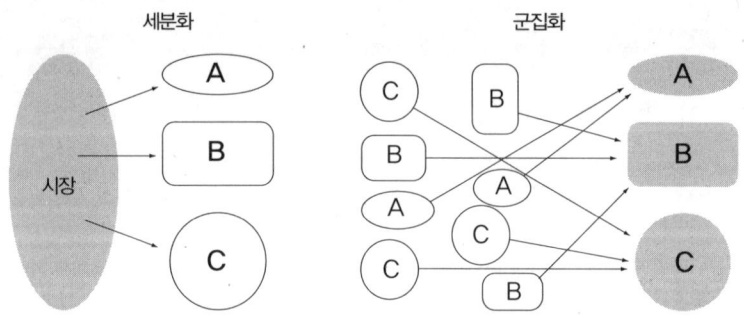

그리고 '데이터베이스를 활용하는 군집화' 를 이해하는 또 다른 방법이 있는데 바로 판별분석(Cluster Analysis)이다. 이는 주로 인구통계학적인 변인들을 기준으로 집단 간의 차이를 분석하는 것인데, 군집화란 이런 방법으로 데이터베이스를 분석하는 것이라고 이해해도 좋고, 공통된 변인들을 가진 집단들을 골라내는 방법이라고

이해해도 좋다.

그래서 오늘날 데이터베이스를 활용하는 IMC관점에서 시장을 세분화하거나 군집화하는 방법들은 데이터베이스를 활용하는 방법과는 조금 다르다. 크게 고객의 필요와 욕구를 바탕으로 세분화한다고 하여 'Needs Based Segmentation', 고객이 브랜드나 기업에게 기여하는 가치로 나누어 본다고 하여 '가치 세분화(Value based Segmentation)' 라고 하는 방법들을 더 많이 사용하고 있다.

고객 니즈 기반 세분화

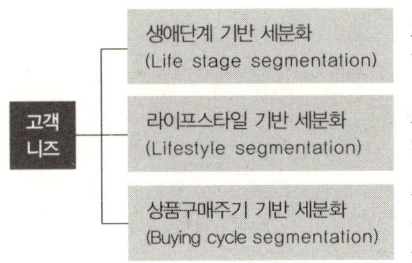

| 고객<br>니즈 | 생애단계 기반 세분화<br>(Life stage segmentation) | 고객의 성별, 연령, 결혼 여부, 자녀 유무 등의 변수를 기준으로 세분화함. |
| | 라이프스타일 기반 세분화<br>(Lifestyle segmentation) | 고객의 성별, 연령, 결혼 여부, 자녀 유무 등의 변수를 기준으로 세분화함. |
| | 상품구매주기 기반 세분화<br>(Buying cycle segmentation) | 상품 유형별 구매 주기 및 연관 구매상품을 분석하여 차기 구매 가능성이 높은 상품 및 구매 주기를 기준으로 세분화함. |

고객 니즈 기반 세분화

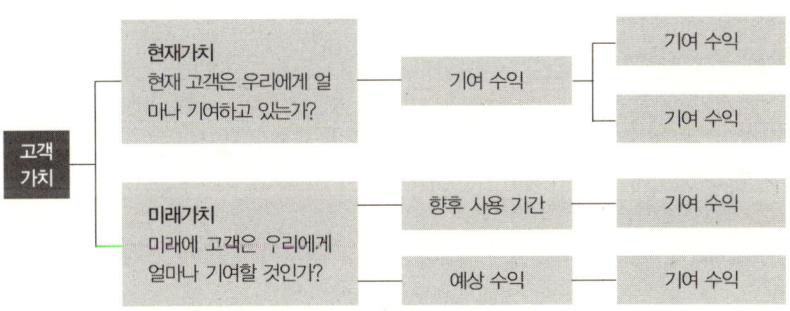

시장 세분화

## 표적 고객층의 평가

데이터베이스를 이용하여 고객들을 세분화하거나 군집화해서 찾아내게 되면 기업은 그들이 갖고 있는 고객가치를 평가하게 된다. 그동안 고객들이 자사의 제품을 사용했던 비용이나 기간 등을 고려하여 고객들을 돈의 값어치로 환산해보는 것이다. 이 과정에서 이들 소비자들이나 고객들의 수요를 측정하기도 하는데, 여기서 중요한 개념이 바로 'SOR(Share of Requrement)'이다. 이는 시장점유율과 매우 비슷하지만, 시장점유율이 전체 수요로 표시되는 제품시장 내에서 자사의 브랜드가 차지하고 있는 비율을 계산하는 것이라면, 이것은 자사의 제품이 속한 제품군(Product Category)에서 소비되는 자사제품의 금액이나 양을 비율로 계산한 것이다. 예를 들어, 어떤 제품이 전체 제품시장의 규모가 약 1,000억원인 시장에서 300억의 판매율을 올린다면 시장점유율은 30%이다. 그런데 SOR은 그런 시장점유율과는 달리, 자사제품이 포함된 제품군들을 고객들이 구매하는 전체 비용 중에서 자사제품이 차지하는 비율을 계산하는 것이다. 만약 평균적으로 일반고객들이 연간 10만원을 쓰는데, 그중에서 자사제품을 구입하는 비율이 3만원이라면 SOR은 30%가 되는 개념이다.

또 고객가치를 계산할 수 있다. 보통 '고객의 생애가치(Customer Lifetime Value)'라고 부르는 것인데, 특정 고객이 자사 제품의 구입 및 사용고객으로 남아 있는 3~5년 동안 앞으로 가져다 줄 구매금액을 현재의 금액으로 환산한 것이다. 고객의 생애가치는 자주 구입해주는 고객일수록, 비싼 제품을 구입해주는 고객일수록, 로열티가 있는 단골고객일수록 높게 마련이다. 그러므로 고객가치를 높인다는 말을 한 번 더 사게 하거나(Repeat Purchase), 더 고급제품을 사게 하거나(Up-Selling), 다른 제품을 사게 하는(Cross-Selling) 식으로 유도한다는 말과 동일하다.

또한 '고객유지율'을 계산하기도 한다. 과거 지속적으로 구입한 고객들과 중간에 구매가 정지된 고객들의 비율을 계산해본다. 여기에는 고객생애주기(Life Cycle)라는 개념이 개입되는데, 이는 고객도 사람의 생애처럼 고객으로서 생애가 있다고 보기 때문이다. 잠재고객에서 신규고객으로, 신규고객에서 일반고객으로, 일반고객에서 단골고객으로 이르는 주기, 또는 휴면고객에 이르는 주기를 고객생애주기로 보는 것이다.

여기서 중요한 것은 각 단계의 고객들이 갖는 특성을 파악하는 것이다. 생명체의 유전인자처럼 각 단계마다 고객층들이 갖는 특성, 즉 유전인자가 있는데 이것을 활용하는 것이 중요하다는 것이다.

## 고객 생애주기에 따른 기본적인 전략들

상품에는 성장주기(Product Life Cycle)라는 것이 있다. 이는 상품이 개발되어 시장에 소개되는 도입기, 안정적으로 도입되고 난 후에 성장하는 성상기, 한계성상이 적어시고 많은 소비사 고객들이 상품을 채택했다고 판단되는 성숙기, 그리고 그 상품에 대한 수요가 줄어들어 신상품의 개발이나 의도적인 퇴출이 필요한 쇠퇴기 등으로 구분한다.

이와 마찬가지로 고객도 성장주기(Customer Life Cycle)로 파악해볼 수 있다. 일반 소비자로 있다가 상품이나 서비스에 대해서 관심을 갖게

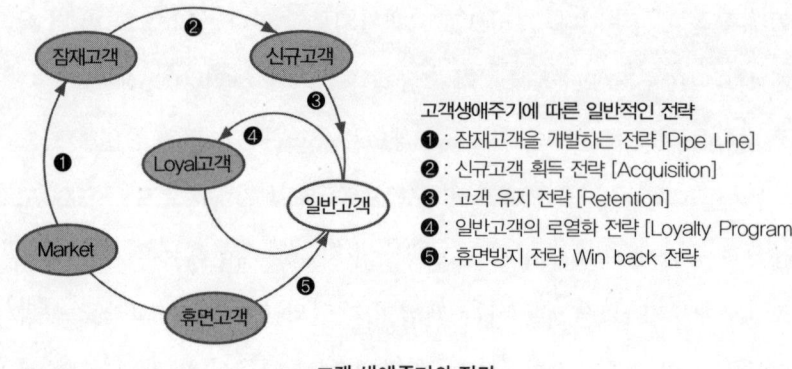

고객생애주기에 따른 일반적인 전략
❶ : 잠재고객을 개발하는 전략 [Pipe Line]
❷ : 신규고객 획득 전략 [Acquisition]
❸ : 고객 유지 전략 [Retention]
❹ : 일반고객의 로열화 전략 [Loyalty Program]
❺ : 휴면방지 전략, Win back 전략

고객 생애주기와 전략

되는 잠재고객, 구매를 경험하게 되는 신규고객, 두 번째 구매 법칙[10]을 넘어선 일반고객, 일반고객이었다가 지속적인 구매를 하는 단골고객 혹은 로열고객, 일반고객이 더 이상 구매하지 않고 휴면상태로 빠지게 된 휴면고객으로 변화한다는 생각이다. 위의 그림은 이 내용을 설명하고 있다.

## 잠재고객의 개발

자사의 제품이나 서비스를 구매하지 않는 고객은 사실 의미 있는 고객이 아니다. 하지만 아직 구매하지 않았다고 해서 구매 가능성이 있는 잠재고객(Prospects)들이 중요하지 않다는 의미는 절대 아니다. 단지 기업의 입장에서 볼 때 구매가 실현되지 않았기 때문에 실현된 구매 고객들보다는 의미가 적어진다는 것뿐이다. 향후 구매로 실현될 가능성이 있다는 면에서는 충분히 중요하다. 이는 현재 내 주머니 속에 들어있는 현찰이 내일 수금될 현찰보다 더 중요한 것과 같다. 그렇다고 내일 들어올 현찰이 중요하지 않은 것은 아니지 않는가? 단지 지금 주머니 속에 들어있는 현찰이 내일 들어올 현찰보다 더 중요할 뿐이다.

또한 긍정적인 방향으로 생각한다면, 잠재고객이란 새롭게 이익을 가져다 줄 신규고객들의 집합으로 파악할 수도 있다. 이익을 가져다줄 것이란 기대가 아직 불확실하지만, 그래도 가능성이 있는 잠재고객을 개발하고 찾아내는 것이 시장을 확대하는 초석이라는 생각인 것이다. 또 잠재고객에 대해 이러한 생각을 갖고 있어야 잠재고객 개발의 중요성을 인식하게 된다.

따라서 이 첫 단계인 잠재고객 개발단계에서는 잠재고객을 찾아내는 것이 가장 중요하다. 일반 소비자들 중에서 상품에 대한 수요가 있을 만한 소비자 계층을 찾아내어, 그들의 수요를 자극하는 것이 가장 기본적인 전략 과제인 것이다. 그러므로 이 단계에서의 마케팅 목표는 고객이 자사상표나 상품을 매력적으로 느끼도록 하는 데 집중된다. 또 마케팅 전략은 올바른 구매 타깃층을 설정하고, 그 타깃층에 가장 잘 침투할 수 있는 브랜드 콘셉트를 명확히 해야 한다. 또한 마케팅 목표는 자사상표나 상품이 갖는 장점이나 소비자 혜택을 알리는 STP[11]에 집중되기 마련이다. 잠재고객을 개발하는 이 단계에서 중요한 사고는 다음과

---

10. 두 번째 구매의 법칙. The rule of Two라고 하는 것인데, 첫 번째 구매를 했다고 해서 고객이라고 보지 않는다는 것이다. 충동구매나 선물용 구매일 수도 있기 때문이다. 실제로 신규고객이 일반고객으로 발전하려면 첫 구매 외에도 두 번째 구매 이상이 일어나야 한다는 생각에서 두 번째 구매를 중요하게 본다.

11. Segmentation, Targeting, Positioning 의 줄임말로서 마케팅 전략의 근간을 이룬다. 고객들을 세분화하고(Segmentation), 여러 가지 세분화한 그룹을 비교하여 가장 적절한 고객층을 찾아내고(Targeting), 선택한 고객층에게 자사 브랜드가 자리매김(Positioning)할 수 있도록 상품의 콘셉트나 브랜드약속 등을 결정하는 것을 말한다.

같은 것들이다.

- 타깃팅과 포지셔닝 : 이 단계에서는 잠재고객을 찾아내는 타깃팅을
하면서 브랜드콘셉트나 제품의 혜택을 정리하여 고객의 머릿속에 저
장되도록 내용을 정리하고 결정해두는 것이 핵심이다.

이 때 마케팅 리서치를 이용하거나 일반고객을 분석하여 DNA를 찾
아낸다. 그리고 일반고객의 특성은 가졌지만 아직 자사의 제품을 구
매하지 않은 잠재고객을 찾아야 한다. 이와 동시에 상품의 혜택이나
편익을 통하여 소비자들의 머릿속에 상품을 자리매김할 수 있도록
상품에 대한 포지셔닝을 설정하는 활동이 필요하다. 또한 기존에 판
매되고 있던 상품의 경우에는 설득력 있는 포지셔닝을 설정했는지
검토하는 과정이 필요하다.

이런 과정을 거쳐 나타나는 것 중 대표적인 것이 바로 제품광고이다.
제품광고의 대부분은 제품의 편익, 혹은 브랜드의 혜택과 관련된 광
고메시지들로 구성되게 된다. 이 때 광고메시지의 내용을 결정하는
기획 단계에서 광고의 타깃층을 파악하고, 포지셔닝과 관련된 메시
지를 개발한다. 이런 과정을 거치고 난 후에 광고가 만들어지고, 매
체를 통해 전달하게 되는 것이다.

- 고객프로파일링 또는 모델링 : 잠재고객층을 찾는 타깃팅의 방법으
로서 기존고객의 데이터베이스를 활용하기도 하는데, 이때는 고객
프로파일링[12]이나 모델링이 사용된다. 일반고객을 분석하여 구매와
관련한 고객특성을 찾아내는 것이다. 앞에서 사용한 비유를 다시

사용하자면 생물체에 유전인자(DNA)가 있는 것처럼 구매고객에게도 유전인자 같은 특징이 있다.

따라서 일반 소비자 층에서 구매고객과 유사한 유전인자를 갖는 소비자층을 찾아내면 되는 것이다. 유전인자는 각 생물체의 차이를 만드는 특성이라 할 수 있는데, 고객들이 우수고객이 되거나 아니면 휴면고객이 되는 것도 고객층마다 고유한 특성이 있기 때문이다. 그런 고유한 특성이 각 고객층의 DNA라고 이해하면 쉽다. 그렇다면 고객 프로파일링이란 무엇인가? 각 고객 또는 고객층의 특성을 파악하는 것이 목적으로, 고객의 행동정보를 정리하여 고객층의 고유한 면을 이해하는 것이다. 물론 자사 제품의 구매나 사용과 관련된 행동정보를 중심으로 사용해야 한다.

모델링이란 과거 잠재고객이었던 일반고객들이 구매고객으로 변화하는 과정을 설정해보는 것이다. 그래서 어떤 행동을 하게 되면 그다음 어떤 행동을 하는 확률이 높다 또는 낮다는 식으로, 구매와 관련된 고객행동을 어떤 흐름으로 파악하는 것이다.

프로파일링이나 모델링을 하는 것은 일반고객들에 대한 정보, 특히 제품의 구매나 사용에 관련한 정보가 비교적 풍부할 경우에 유리하다. 보통 데이터베이스를 분석함으로서 파악하는 것이 대부분인데, 특히 모델링의 경우는 네이터 분식의 깊이가 요구되는 영역이다. 반면 프로파일링은 데이터의 분석보다는 구매행동이나 사용행동과 관련된

---

12. Profile이란 사람의 옆모습이라는 의미인데, 프로파일링(Profiling)이란 고객층이 어떤 사람인지를 논리적으로 파악하는 일을 말한다. 미국의 시리즈 드라마 중 '크리미널 마인드(Criminal mind)' 라는 것을 보면, 범인이 어떤 특징이 있는지를 파악하고 설명해주는 사람들이 등장하는데 그들을 프로파일러라고 부른다.

고객행동을 관찰함으로서 파악하는 경우가 대부분이다. 그래서 고객들을 조사할 경우에는 관찰과 함께 그룹인터뷰나 심층인터뷰를 동시에 사용하기도 한다.

• 마케팅 커뮤니케이션 : 만약 잠재고객들은 상품을 직접 구매하지 않았다고 하더라도 여러 매체를 통해 간접경험을 할 수 있으며 기업이나 상표에 대한 평가도 할 수 있다. 그러므로 기업의 마케팅 커뮤니케이션 활동이 평소에도 건강하게 잘 이루어져야 한다. 잠재고객들이 광고나 홍보기사 등을 많이 접할수록 상품에 대해 친숙하게 되고, 그 친숙성이 발전하여 구매로 연결되는 것이다. 그러므로 평소 광고활동이나 홍보활동이 원활해야 한다.

정리하자면 제품이나 서비스를 구입할 가능성이 높은 잠재고객을 개발하는 것이 이 단계에서의 주된 활동이다. 이렇게 잠재고객들이 제품이나 서비스를 구입하게 되면 신규고객이 된다. 그래서 그 다음 단계는 신규고객을 획득하는 일이다.

신규고객의 획득

자사의 상품이나 서비스를 처음 구매한 고객을 신규고객이라 한다. 하지만 실제로는 두 번 정도까지는 구매를 해야 진정한 신규고객이라 할 수 있다. 구매를 처음 한 고객들의 경우 선물용으로 구입했거나 혹은 충동구매일 가능성도 있다. 반면 두 번째로 구매하는 경우에는 고객의 어떤 필요와 만족이라는 것이 개입되어 계속 구매가 이루어질 가능성이 있기 때문에 진정한 의미의 신규고객이 되는 것이다. 물론 내구성 소비재, 자동차나 냉장고 혹은 텔레비전 같은 제품은 구매기간이 길기 때문에 첫 구매 고객을 신규고객으로 보기도 한다.

여하튼 잠재고객이 구매를 하게 되면 신규고객이 된다. 이 단계에서의 마케팅 목표는 주로 구매와 직접 관련되어 있다. 우선 첫 번째 목적은 구매고객의 수를 늘리는 것이고, 그 다음의 목적은 신규고객의 최초구매가 재구매로 연결되도록 초석을 준비하는 것이다.

### 구매와 구매가치

잠재고객에게서 신규구매를 일으키는 것, 그들을 신규고객으로 확보하는 것은 아주 중요하다. 잠재고객들에게 수요가 있으리라 예상이 된다 하더라도, 또 그들이 아무리 자사 브랜드를 사랑하고 좋아한다고 하더라도 구매로 연결되지 않으면 아무 소용이 없기 때문이다. '구매' 라는 것은 기업과 별다른 상관관계가 없었던 어떤 사람이 기업의 고객으로 전환되는 첫 발자국이다. 또 로열티를 지닌 단골고객을 만들어가는 필요조건이다. 이런 면에서 최초로 자사의 상품이나 서비스를 구매한 신규고객이 매우 중요한 것이다.

그렇다면 잠재고객들이 특정한 제품이나 서비스를 구입하는 이유는 무엇일까? 사실 이 이유를 정확하게 파악하기는 어렵다. 단순히 고객이 필요로 하는 욕구를 만족시켜주기 때문에, 혹은 수요가 만족되기 때문에 구입한다는 추측은 너무 순진한 생각이다. 이 문제를 좀 더 깊이 고민해볼 필요가 있는데, 우선 '구매할 가치가 있기에 구매한다' 는 생각을 기본으로 해 보자. 요즈음 기업경영의 키워드인 '가치(Value)' 를 통해 고민해보자는 것이다. 가치가 높으면 구매한다는 것은 아주 상식적인 일이다. 또한 여러 제품이나 서비스를 비교해 보았을 때 상대적으로 높은 가치를 지닌 제품이나 서비스를 선택하는 것도 마찬가지다. '고객들에게 가치를 제공하자'는 생각은 고객들이 제품이나 서비스를 구매할 만한 가치를 만들어주자는 생각이다. 그것도 경쟁사나 경쟁제품이 제공하지 못하는 독특한 것을 제공하자는 의미다. 역시 가치와 관련된 생각이다. 가치를 공식화 하면 다음과 같다.

가치 = 총 품질 / 총 비용

= (본래적인 품질) + (서비스 품질) + (이미지 품질) or

(본래적 비용) + (획득시간 비용) + (심리적 비용)

잠재 고객들은 수요가 있거나 필요가 있을 경우에 이를 해결해 줄 대안이 되는 여러 상품에 대해서 서로 비교하게 된다. 여기서 비교의 기준이 되는 것이 바로 '살 만한 가치가 있는가?' 하는 것이다. 이때 살 만한 가치가 무엇인지 구체화해 보면 위의 식에 나오는 '총 품질에 대한 총 비용'이라고 할 수 있다.

즉 '이 정도의 비용을 들어서 이 정도의 품질인 상품이나 서비스를 구입할 만한가?' 하고 머릿속에서 따져보는 것이다. 이 값이 1 이상이 되면 고객은 구입할 가치를 느낀다. 하지만 1 이하가 되면 구입할 가치를 느끼지 못한다. 고객들은 이렇게 선택한 대안들의 가치를 서로 비교해서 가장 높은 수치가 나오는 것을 선택한다는 것이다.

품질에 대해서는 본래적 품질, 서비스 품질, 이미지 품질 등으로 나누어 볼 수 있다. 이 세 가지를 종합해서 '총 품질'이라고 한다. '본래적인 품질'이란 제품이나 서비스의 제원, 성능, 디자인 등 본래적인 요인들로서 이런 점들이 우수하면 고객은 구매할 가치가 높다고 느낀다. 서비스의 품질이란 제품이나 서비스를 구입하는 과정에서 고객이 접하게 되는 서비스의 품질을 뜻한다. '이미지 품질'이란 고객들이 제품이나 서비스를 브랜드로서 인식할 경우에 갖게 되는 이미지 혹은 회사 이미지의 수준을 말한다. 고객들에게는 이런 요소들이 종합적으로 작용하여 품질에 대한 인식을 하게 하는데, 이런 요소들의 품질이 좋아지면 구매할 만 하다는 가치를 느낀다.

이번에는 총 비용에 대해서 살펴보자. 총 비용은 본래적인 비용, 획득시간 비용, 심리적 비용 등으로 나누어 볼 수 있다. 본래적인 비용이란 제품이나 서비스의 원가, 또는 소비자 가격 등에 해당하는 것들이다. 일반적으로 '가격이 저렴하다'고 말할 때는 이 같은 본래적인 비용이 낮음을 의미한다. 획득시간 비용은 제품이나 서비스를 구입하는 데 소요되는 시간이나 노력에 대한 것으로 구입 시간이나 노력이 덜 든다거나 구입하기 편리한 정도를 의미한다. 심리적인 비용은 고객의 심리적인 반응에 따라 달라진다. 만약 가격이 잠재고객의 가용예산[13] 속에 들어오는 정도라면 심리적으로 편안함을 느껴서 구매가 일어나기 쉽다. 이런 것들이 종합적으로 작용하여 고객이 구매할 가치가 있다고 느낀다면 구매로 이어지는 것이다.

---

13. 심리적으로 '이정도 범위 안에서 사용해야지' 하는 예산사용의 범위가 있다는 것이다. 할부로 구매제안을 하거나 일시적인 가격할인을 하는 경우는 이런 가용예산범위를 고려하는 판촉의 방법이다.

## 만족

최초구매고객을 두 번째 구매로 이끄는 것은 고객의 '만족'으로부터 시작된다. 고객이 자사의 상품이나 서비스를 구매했다고 하더라도 만족하지 않는다면 재구매로 연결되지 않는다. 이뿐 아니라 로열티를 형성해갈 수도 없다.

만족은 고객을 단골고객, 즉 로열티 높은 고객으로 발전시키기 위한 촉발제이다. 고객들의 반복구매, 옹호, 추천 모두 만족을 바탕으로 성장하고 발전한 행위들이다.

'만족'은 언제 발생하는 것일까? 만족이란 고객들이 기대한 바에 충족되는 경험이 발생할 경우에 만들어진다. 만약 어떤 고객이 특정 상품이 좋다는 말을 듣고 구입했는데 실제 디자인이 기대에 충족되지 않는다면, 혹은 기능이 생각보다 떨어진다면 만족은 생기지 않는다. 반면 자주 가는 음식점에서 평소 즐기던 음식이 아닌 다른 요리를 시켰는데 맛이 좋아 실망하지 않았다면 만족을 느끼게 된다. 즉, 같은 브랜드의 다른 종류의 상품을 구입했는데도 만족을 했기 때문에 로열티가 좀 더 강해지는 것이다. 만약 친구에게 그 음식점을 추천했는데 친구가 음식이 마음에 든다며 좋아했다면 또 다른 친구들에게도 권하기를 주저하지 않을 것이다. 만족하기 때문이다. 그래서 고객이 상품이나 서비스를 구입하고 난 후에, 혹은 사용하면서 발생하는 만족은 단골고객을 만드는 데 있어 반드시 필요한 충분조건이다.

이 단계의 신규고객들을 관리할 때 '구매'와 '만족' 중에서 더 관심을 기울여야 할 것은 '만족'이다. 신규고객들의 경우 첫 구매를 두 번째 구매로 연결시키는 것이 중요한데, 두 번째 구매를 가능하게 하기 위해 관심을 가져야 할 부분이 바로 고객의 '만족'인 것이다.

음식을 익히기 위해서는 열을 가해야 하고 여기에는 시간이 필요한 것처럼, 신규고객을 재구매로 이끌기 위해서는 일정한 시간이 필요하기 마련이다. 이 기간에 신규고객들은 구입한 제품이나 서비스를 사용하면서 이에 대해 평가하고 재구매를 고려하게 된다. 그러므로 이 기간 동안 신규고객을 잘 관리할 필요가 있다. 이 시점에서 고객의 만족을 위해 할 수 있는 활동으로는 주로 구매에 대한 감사, 사용방법 안내 및 문의에 대한 친절한 응대 등이다.

• 구매에 대한 감사(Welcome kit, Happy call) : 감사의 표현을 제품안내 및 사용방법 안내문과 함께 넣어 키트 만들기(Welcome kit)[14], 감사의 전화를 하거나 메일 보내기, 문자 메시지 보내기(Happy call)등의 방법이 있다. 이러한 방법들은 쉽고 당연한 것임에도 불구하고 놓치는 경우가 많다.

구매에 대한 감사를 하는 경우와 하지 않는 경우, 지금 당장은 큰 효과가 나타나지 않을지 모른다. 하지만 시간이 흐른 후에는 커다란 차이를 보이게 된다. 감사를 받은 고객들은 향후 그 기업의 제품이나 서비스를 재구매할 확률이 높기 때문이다. 당사의 경험을 통해서 보면 구매 후 감사 전화를 받았던 고객들은 감사 전화를 받지 않은 고객들과 비교하여 3개월 후 약 10%, 6개월 후 약 25% 정도의 매출증대 효과가 있었다.

---

14. 비교적 고가의 상품을 구입하거나 회원에 가입하는 경우 감사의 편지와 함께 상품의 사용방법, 애프터 서비스의 안내, 회원의 권리나 혜택 등을 설명한 여러 가지를 담은 것을 말한다.

• 고객만족 활동 : 제품이나 서비스를 구매한 고객들에게 제품 사용상의 주의점, 사용 시의 문제점이나 불만 요소들을 미리 체크하는 것이다. 고객의 입장에서 보면 이는 기업에서 고객이 제품을 잘 사용하도록 관리해주는 것이므로 제품이나 기업에 대한 신뢰성이 높아진다. 구매고객에게 전화나 이메일로 상담을 요청하여 제품구매 및 사용과정에서 만족하는지, 혹은 불편함이 없었는지를 미리 파악하는 경우이다. 고객과 상담하는 과정에서 진정한 구매이유를 파악할 수 있고, 중요한 상표접촉점(Brand Contact points)이 무엇인지 파악할 수도 있다.

이런 활동은 주로 고객센터의 상담원들이 담당하게 되는데, 구매 후의 'Happy call'이나 고객만족을 위한 '아웃 바운드 콜(Out-bound call)[15]'의 경우, 고객들이 싫어하거나 거부하는 경우가 드물다. 이런 좋은 환경에서는 고객 상담원들을 잘 교육시켜서 감사 외에도 향후 제품개선이나 접점관리의 개선요소를 발견할 수 있도록 하는 것이 요령이다. 이는 중요한 활동이면서 동시에 고객만족을 위한 행위이기도 하다.

• 고객대면 종업원의 중요성 : 잠재고객들의 첫 구매는 매장 종업원이나 고객센터의 상담원 등 고객을 대면하는 종업원들에 의해 발생하는 경우가 많다. 이는 그만큼 고객을 대면하는 종업원들의 영향력이 크다는 의미이다.

고객을 직접 만나는 매장이나 고객센터의 상담원들은 고객과 대면 커뮤니케이션(Face-to-face communication)을 하게 되는데, 대면 커뮤니케이션의 설득 효과가 크기 때문에 첫 구매로 이끄는 힘도 그만큼 크다. 따라서 고객을 대면하는 종업원들은 매우 중요하다. 또한 고객을 대면하는 종업원들의 능력을 향상시키기 위하여 그들을 잘 교육시키고 훈련시키는 것도 중요하다.

구매자들은 첫 구매 이후 제품이나 서비스에 이상이 있을 경우에도 자신에게 구매를 유도했던 고객대면 종업원을 찾는 경우가 아주 많다.

자연스럽게 구매를 유도했던 종업원이 구매 직후의 고객만족을 위한 활동을 담당하는 경우가 생긴다.

이들 종업원들에 대한 교육을 실시할 때는 상품이나 서비스 판매에 대한 것 외에도 커뮤니케이션 하는 방법, 제품의 사용 방법, 애프터 서비스에 관련된 지식 등도 포함하여 훈련시켜야 한다.

## 일반고객의 유지

앞서 첫 구매고객이 두 번째 구매 이후에도 반복적으로 구매하게 되는 경우를 일반고객으로 본다고 했다. 일반고객을 대상으로 하는 이 단계에서 마케팅 상의 주요 목표는 주로 구매고객과의 관계를 만들어가는 것에 집중된다. 즉 지속적인 고객으로 발전할 수 있는 고객들을 찾아내어 유지 및 관리하는 것이 전략적 핵심이 되는 것이다. 그런데 이를 위해서는 고객의 첫 구매의 구매 이유, 구매 후 사용한 것에 대한 만족 등을 파악하는 것이 중요하다. 여기에 신규고객을 일반고객으로

---

15. 전화상담원들이 고객들에게 전화를 거는 것을 말한다. 반대로 고객들이 상담원들에게 전화문의를 하게 되는 것은 인 바운드 콜(In-bound Call)이라고 한다.

전환하고, 일반고객을 유지 및 관리하는 데 전략적인 핵심이 있다.

여기에 더하여 일반고객의 생애가치(Lifetime Value)[16]를 높여 우수고객으로 전환하는 준비도 해야 한다. 이는 우수고객과 동일한 고객유전자가 있는지 파악하는 일과 그러한 일반고객을 집중적으로 유지 및 관리하는 것이 동시에 진행되어야 한다는 뜻이다.

• 인지부조화와 재구매 : 최초 구매를 한 고객들은 자신의 구매가 합리적인지, 즉 상품을 잘 샀는지를 평가하려고 한다. 특히 화장품이나 자동차처럼 심리적으로 자기 관여도(Self involvement)가 높은 상품, 또 고가격의 상품일수록 불안해하는 경향이 있다. 이처럼 불안한 상태를 '인지부조화(Cognitive dissonance)'라고 한다.

인간은 심리적으로 불안한 상태가 되면 그 상태를 벗어나 안정상태로 가기 위한 행위들을 한다. 이처럼 인지부조화에서 벗어나려는 행위 중 가장 일반적인 것은 자신의 선택, 즉 구매가 올바르다는 것을 입증하거나 혹은 구매이유를 합리화해주는 정보를 탐색하는 것이다. 이 외에도 가장 많이 팔린 제품, 인증을 받은 제품, 유명인 누구누구가 사용하는 제품, 제조 방법이 아주 탁월해서 품질이 우수한 제품 등등의 다양한 정보를 이용하여 자신이 구매한 이유에 대해 합리적인 해석을 하고 불안한 마음에서 벗어나려고 한다.

예를 들어 화장품을 구매했다면 과연 이 화장품을 잘 산 것인지 불안해하고, 이러한 심리를 안정시키기 위해 정보를 탐색한다. 그 과정에서 화장품이 내게 잘 맞는다거나 자신의 피부 상태가 이 화장품의 특정 성분과 잘 맞는다는 정보를 발견하게 되면, 그 정보에 의지하여 자신의 구매를 합리화하거나 자신의 구매에 확신을 갖는 것이다.

자동차의 경우도 마찬가지다. 자동차 광고에서는 '가장 많이 팔린 차'라던가 '어떤 경주에서 우승했다'는 식의 문구나 메시지를 볼 수 있는데, 이는 많이 팔린 만큼 고장이 적고 안정적이며 중고차가 되어도 가격이 괜찮을 것이라는 심리적인 안정을 주기 위한 것이다.

이처럼 고객들은 인지부조화 상태에서 벗어나 조화 상태, 즉 심리적인 안정상태로 가기 위해 정보탐색이라는 행위를 한다. 이때 기업이 이에 부응하는 올바른 정보를 쉽고 충분하게 전달하는 것이 좋다. 고객들이 조화상태나 안정상태로 가는 것을 도와주기 때문이다. 이런 도움은 기업의 입장에서 매우 중요하다. 고객들은 자신이 선택한 상품에 대한 확신이 서는 경우, 이를 바탕으로 재구매 또는 교차구매 등 반복구매를 하게 되기 때문이다. 또 타인에게 자신이 구입한 제품을 추천하기도 한다.

그러므로 최초 구매 고객들에게는 구매를 잘 했다는 확신을 심어 주는 것이 매우 중요하다. 이런 측면에서 로열티 프로그램을 기획할 때 메시지를 보내는 단계를 만들어야 한다. 메시지를 통해 고객들이 구매를 하기 잘했다는 생각이 들도록 해 주는 것이다. 그리고 로열티 프로그램을 운영하는 과정에서 이러한 메시지를 보내야 한다.

- 타깃팅 : 일반고객을 유지하기 위해 기업이 행하는 보이지 않는 활

---

16. 여기서의 생애라는 것은 일반적인 '생명이 다하는 기간'이라는 의미가 아니라 '나의 고객으로 남아 있는 기간'이라는 의미이다. 생애가치란 나의 고객으로 남아있는 동안 내게 가져다 줄 미래의 이익이나 매출 등을 현재의 금액으로 환산한 것을 말한다.

동은 일반고객들 중에서 우수고객이나 로열고객과 동일한 특성, 즉 동일한 유전인자를 갖는 층을 찾아내는 것이다. 일반고객들 모두가 로열고객으로 발전하지는 않는다. 따라서 그 중에서 향후 기업이 집중적으로 관리해야 할 고객층을 찾아내는 일이 중요하다.

일반고객과 우수고객, 혹은 일반고객과 로열고객의 차이점을 미리 알아차리는 방법은 조사와 분석이다. 이미 확보된 기존고객들 중에서 우수고객들에 대한 특징, 우수고객을 만들 수 있는 유전인자 같은 특성을 찾아내어 일반고객과 비교하는 것이다. 통계적으로 우수고객들이나 로열고객들에게 발견되는 구매유형이나 소비유형을 파악하여 특징을 발견하고 비교해보면 된다.

다른 방법도 있다. 어떤 실험적인 제안을 했을 때 반응이 있던 고객들은 우수고객으로 전환되고, 반응하지 않은 고객들은 그대로 일반고객으로 남는 경우가 있을 수 있다. 그때의 제안이 어떤 것이었는지 파악하고 이를 이용하여 고객의 특성을 이해하기도 한다.

또 이벤트[17]를 활용하기도 한다. 어떤 특정한 시기-여름휴가 직전, 크리스마스나 구정 혹은 추석과 같은 명절, 혹은 결혼기념일이나 생일, 어버이 날 같은 생애의 순간-에 구입을 한다던지, 아니면 특정한 상품을 구입한다던지 하는 특징을 찾아본다. 이러한 특징들이 공통적으로 나타나는 일반고객이 있다면 우수고객, 혹은 로열고객으로 확대될 가능성이 높아진다. 만약 특징이 나타나지 않더라도 파악한 특별한 시기나 순간에 어떤 제안을 해보고 반응이 어떤지 살펴서 그에 따라 판단할 수도 있다.

이러한 조사와 분석의 과정에서 일정기간 동안 재구매가 없는 고객들이 나타나기도 한다. 그럴 때는 앞에서 설명한 것과 같은 방법으로 휴면고객을 찾아내고 휴면을 미리 방지하는 대책도 준비해야 한다. 휴면이 될 가능성이 높은 고객들을 발견하여 다시 일반고객으로 전환하도록 노력하는 것이다. 이것은 완전히 휴면고객으로 전환된 고객을 일반고객으로 전환하는 시간과 노력 등에 비해서 비용이 적게 들기 마련이다.

• 지속적인 커뮤니케이션 : 일반고객을 유지 및 관리하는 데 있어서 중요한 것들 중 하나는 고객과의 지속적인 커뮤니케이션이다. 뉴스레터나 회원지 등을 만들어서 고객들로부터 받아둔 주소나 이메일 계정을 통하여 지속적인 커뮤니케이션을 해야 하는 것이다.

그런데 구매를 유도하려는 직접적인 방법이나 직접적인 제안들, 예를 들어 판촉할인 같은 제안만으로 메시지를 구성하는 것은 좋은 방법이 아니다. 이런 제안들이 반복되면 고객들이 제품을 떠올릴 때 판촉에 관련된 이미지만 형성되기 쉽기 때문이다. 반면, 브랜드약속이나 브랜드에 대한 인식은 형성되기 어렵다. 진정한 로열티를 만드는 데는 별 도움이 되지 않는 것이다.

오히려 앞에서 설명한 '관계의 형성'이나 '인지부조화를 방지하는 메시지', '설정한 관계를 돈독히 할 수 있는 메시지'를 보내는 것이 훨씬 도움이 된다. 특히 고객들의 생활 속 특정 시기 또는 생애의 순간들을

---

17. 여기서 말하는 이벤트는 구매 전 탐색이나 구매상황, 혹은 사용상황에서 생기는 것들을 말하는데, 생일·결혼기념일이 가장 일반적인 것이다. 또 최초가입 혹은 구매문의나 애프터 서비스 요청, 카탈로그 신청 같은 것을 말한다. 마케팅 커뮤니케이션에서 말하는 판촉이벤트 같은 것이 아니다.

활용한 메시지를 개발하는 것이 더욱 중요하다.

이뿐 아니다. 지난 동안의 구매를 통해 고객이 받을 수 있게 된 혜택을 알려주는 것만으로도 메시지가 될 수 있다. 필자의 회사에서 경험한 바에 의하면, 고객들은 자신들의 구매에 의해 누적된 혜택에 대해 잘 모르고 있는 경우가 많았다. 그래서 누적된 고객들의 포인트나 보너스를 알려주고 그것을 혜택으로 실현시킬 수 있는 방법을 자세히 설명하는 것만으로도 구매 효과를 높인 적이 있다. 고객들이 잘 모르거나 잊어버리고 있는 혜택을 상기시켜주는 것, 이것만으로도 구매를 일으키는 효과적인 메시지 전달이 가능한 것이다.

## 일반고객의 로열화

이 단계는 한마디로 일반고객을 오랫동안 유지·관리하면서 생애가치(Lifetime value)[18]를 높이는 활동이다. 즉 단골고객으로 발전시키는 활동, 로열티 강화를 위한 직접적인 활동을 해야 한다는 것이다. 고객들의 생애가치를 높이는 활동은 교차구매(Cross selling)를 유도하거나, 더 비싸거나 상위제품을 구입(Up selling)하도록 하거나, 더 저렴한 다른 상품을 구입(Down selling)하도록 하는 활동을 반복함으로써 일반고객을 지속적으로 유지하는 모습 등으로 나타난다

그러나 여기서 그치면 안 된다. 브랜드에 대해 고객들이 심리적인 밀착감을 갖도록 관련성을 찾는 일도 필수적이다. 자신이 구매한 상품이 마치 자신만을 위한, 자신의 브랜드인 것처럼 느낄 수 있도록 해야 한다는 것이다. '이 브랜드야 말로 내 브랜드!' 라고 느끼는 정도가 바로

로열티의 최상위 수준이라고 할 수 있다. 이런 상태가 될 때까지 고객들을 관리해나가는 것이 이 단계에서 해야 할 일들이다. 교차구매나 상위 제품 구입, 혹은 더 저렴한 제품의 구입 등 고객의 생애가치를 높이려는 활동들이 기업 마케팅 활동의 핵심이다.

많은 로열티 프로그램들이 여기에 집중하면서 판촉활동과 관련된 캠페인들의 실시에 주력하는데, 사실 그런 것은 좋은 방법이 아니다. 앞에서 말한 바와 같이 구매와 관련된 제안(offer)에만 집중하는 것은 좋지 않다는 것이다. 제안의 개발에 집중하기보다는 고객들과 브랜드를 보다 밀접하게 만드는 활동에 집중해야 한다. 예를 들어 고객들 스스로를 특별하게 대접받는다고 느낄 수 있도록 하는 것, '역시 내 브랜드야!' 하고 느낄 수 있도록 명성 관리를 하는 것, 고객이 식상함을 느끼지 않도록 새로운 정보를 제공하는 것, 고객들이 스스로 브랜드와 밀접함을 느껴 다른 사람들에게 브랜드 추천을 하도록 하는 것들이다.

여기에 더하자면 브랜드에 대해 아주 높은 수준의 로열티를 갖는 고객들이 브랜드와 관련하여 커뮤니티를 형성하고, 그 안에서 활동하도록 하는 것까지도 포함된다.

• 고객 인식 : 고객에게 로열티를 형성하기 위한 측면에서 고객이 대접받는다는 것을 깨닫게 하는 것은 매우 중요하다. 대접받는다는 느낌은 그 브랜드에 대한 자부심을 강하게 해주며, 그런 자부심은 고객들의 로열티를 형성하는 촉진제 역할을 하기 때문이다. 고객이

---

18. 고객으로 있는 동안(보통 3~5년), 고객들이 기업이나 브랜드에 가져다 줄 매출기여를 현재금액으로 환산한 것을 생애가치라고 한다.

대접받는다는 것을 알도록 한다는 것은 두 가지 의미를 갖는다. 하나는 기업의 입장에서 '이 고객은 로열화해야 하는 중요한 혹은 차별적인 고객이다' 라고 인식하는 것이고, 다른 하나는 고객이 스스로 '자신이 로열고객임을 인식하거나 차별적인 대접을 받는다' 고 느끼는 것이다.

전자의 경우는 고객을 인식하는 준비가 필요하다. 로열티 프로그램을 실시한다고 가정해보자. 고객들이 고객카드나 회원카드를 제시했을 때, 또는 고객상담 전화를 했을 때 고객의 인식번호를 확인하는 과정에서 기업이 '관리해야 할 고객이다' 라고 인식하고 있어야 하는 것이다. 이때 중요한 것은 인식한다는 사실 자체가 아니라 인식함으로써 차별화된 응대를 하거나 기업 내부에서 조직적으로 대응하는 구체적인 행동을 하는 것이다.

예를 들어 고객이 고객카드를 제시하는 경우, 고객에 대한 정보가 모니터에 뜬다고 하자. 이 때 이 고객이 주 관리 대상 고객인지 파악할 수 있도록, 또 구매에 있어서 어떤 점들을 중요하게 생각하는지를 파악할 수 있도록 단서나 설명이 동시에 뜨게 할 수 있다. 대면종업원들이 이를 바탕으로 고객을 응대한다면 고객과의 커뮤니케이션이 매우 효과적이고 효율적으로 진행될 수 있다. 후자의 경우 고객 스스로가 느끼도록 만들어 주어야 한다. 가장 흔한 경우는 로열티 프로그램에서 사용되는 고객카드, 회원카드 등을 일반고객과는 다른 모양이나 디자인으로 만들어 차별화하는 것이다. 실제로 많은 기업에서 고객들을 여러 계층으로 구분한다. 다이아몬드, 골드 등 보석의 이름으로 구분하기도 하고 장미, 튤립 등 꽃 이름으로 구분하기도 한다. 바로 이런 것들이 고객혜택에 차별성을 두고 있는 예이다.

또 '당신은 차별적인 고객이므로 일반고객보다 더 우수한 혜택을 받는다'는 사실을 인식하게 하는 경우도 포함된다. 때로 일반고객이면서 우수한 혜택을 요구하는 고객도 있을 수 있지만, 공손한 자세로 적절한 커뮤니케이션을 통해 설명하면 대부분의 고객들은 자신의 위치를 납득한다. 그리고 자신의 위치를 유지하거나 혹은 한 단계 더 높은 혜택을 받기 위해 기업에서 요구하는 조건을 채우기도 한다. 예를 들어 특정한 상품을 구입한다던가, 특정한 기회에 매장을 방문한다든가, 특정한 조사에 응답을 하는 등의 요구를 쉽게 들어준다는 것이다.

고객인식에 대한 두 가지가 고객접촉점에서 적절하게 이루어지면 고객들은 자신이 대접받는다고 느끼며, 로열티 프로그램에 참여한 혜택을 심리적으로 더 크게 느끼게 된다. 결국 '만족'을 통하여 고객의 로열티가 심화되는 것이다.


• 추천 및 옹호 : 어떤 고객에게 로열티가 있는지 없는지를 확인할 수 있는 지표가 있다면 무엇일까? 바로 자신이 사용하는 제품이나 경험한 서비스를 다른 사람에게 추천하느냐 마느냐의 기준일 것이다. 만약 다른 사람에게 추천할 의사가 있다면 그 제품에 대해 로열티가 있는 것이고, 없다면 로열티가 없다고 판단해도 좋다.

고객들에게 추천할 만한 의사가 있는지의 여부, 또 추천하겠다는 고객층의 수를 파악하여 기업경영활동의 지표로 삼자는 것이 바로 'NPS(Net Promotor Score : 순수 추천지수)라는 개념이다.

그런데 만약 고객에게 상품이나 서비스를 두고 '다른 사람에게 추천할 의향이 있는가?' 라고 묻고 '네', 혹은 '아니오'라는 이분법으로 대답을 받는다면 위험하다. 고객들은 조사에 대한 답을 할 때 일반적으로 과장하기 쉽고, 질문 사항에 따라 그에 적합하다고 생각되는 답을 말하기 때문이다. 단순히 '네'라는 대답은 추천할 의향이 있는 것이고, '아니오'라는 대답은 추천할 의향이 없는 것이라고 단정해버리면 안 된다는 의미이다.

따라서 추천할 의향에 대해 단계별 점수로 평가하는 척도를 사용하는 것이 좋다. 예를 들면 추천 의사가 있는 경우 10점 만점 중 몇 점 정도인지를 묻는 형식이다. 8점 이상의 강한 추천의사가 진정한 추천의사이고, 5점 이하는 추천의사가 분명하지 않거나 혹은 말로는 추천하더라도 진심으로 추천하는 것은 아닌 상태로 판단하는 것이다. 이렇게 척도를 사용해야 비교적 정확하다.

일반고객의 로열화를 추진하는 과정을 살펴보자. 로열티가 아주 높다고 평가되는 고객들이 자신이 구매하거나 경험한 제품이나 서비스를 일반고객들에게 추천하는 형식이 일반적이다. 이때 중요하게 사용되는 수단으로 '테스티모니얼(testimonial)'이 있다. 이는 특정 브랜드를 자주 사용하고 좋아하는 사람들이 브랜드에 대한 사용소감, 사용동기, 브랜드와 얽힌 이야기 등등의 사용경험을 들려주면서 그 브랜드의 가치를 증명하는 것을 말한다. 기업 측에서는 로열티가 아주 높은 사람들이나 아니면 브랜드를 사용하는 사람들 중에서 인지도가 있는 유명한 사람들을 이용하는 경우가 대표적이다. 연예인이나 방송인, 도예가나 서예가, 음악가나 조각가 등 직업인으로서 사회적으로 유명하고 신뢰가 갈 만한 사람들이 특정 상품이나 서비스의 사용과 관련된 일화나 사용 후기 등을 들려주는 것이다. 그런데 이것이 광고라는 형식으로 나타나면 소비자들은 '돈 받고 광고 하는구나'라고 판단하여 회피하려는 속성이 생길 수도 있겠지만, 광고가 아니라 일반적인 메시지로 만든다면 그러한 속성을 줄일 수 있다. 이처럼 브랜드에 대해 이야기하거나 다른 사람들에게 설명하는 것은 추천이나 옹호의 간접적인 형태이다. 추천이나 옹호는 정보를 접하는 일반고객들에게 인지도 쉽고 설득력도 있다.

• MGM(Members Get Members) : 추천 및 옹호와 관련하여, 신규고객을 확보하는 수단으로 사용할 수 있는 방법이 'MGM'이다. 'MGM'이란 로열티 프로그램의 회원이나 혹은 세일즈 프로모션에서 사용되는 마일리지 프로그램의 회원들을 대상으로, 기존 회원들이 다른 신규고객을 소개하거나 유치할 때 혜택을 주는 형식을 말한다.
그런데 MGM 프로그램을 기획할 때 주의할 점이 있다. 모든 회원을 대상으로 하면 안 된다는 것이다. 추천할 의향이 있는 회원들에게는 괜찮지만 추천할 의향이 없는 회원들은 오히려 거부감을 가질 수 있다. 그러면 투자한 만큼 효과를 보기 어렵다. 따라서 로열티가 중간 수준 이상인 고객들을 대상으로, 특히 옹호나 추천을 할 것이라 예상되는 고객들을 선정하는 것이 중요하다.
이러한 측면에서 MGM은 진정한 로열티가 있는 고객과 그렇지 않은 일반고객을 구분해주는 방법으로 활용되기도 한다. 이때 옹호나 추천을 해주는 고객이라면 앞으로 더욱 심도 있게 관리해야 하는 로열고객으로 판단할 수 있다.

- 로열티 프로그램의 업그레이드 : 일반고객들 중에도 이미 로열티 프로그램을 통해 최소한의 혜택을 경험한 적이 있다는 경우가 많다. 따라서 로열티 프로그램을 좀 더 신선하게 개량할 필요가 있다. 시간이 오래 흘렀는데도 예전과 동일한 혜택만 받는다면 고객들의 입장에서는 식상할 수 있기 때문이다. 물론 브랜드와 관련된 본질적인 혜택은 예외일 수 있다. 예를 들어 그동안의 책 구매를 통해 적립된 금액으로 새로운 책을 저렴하게 구입할 수 있는 혜택, 그동안 커피를 마셔서 쌓인 포인트로 커피를 할인된 가격으로 마실 수 있는 등의 본질적인 혜택은 쉽게 식상해지지 않는다. 그러나 제품구입이나 사용과 관련된 혜택이 아닌 경우는 싫증을 느끼거나 관심에서 멀어지기 쉽다. 또한 시간이 흐르면 고객들은 또 다른 기대를 하게 된다. 기존의 혜택이 식상해지고 마는 것이다.

이럴 때는 로열티 프로그램을 업그레이드하여 변화를 주는 것이 필요하다. 고객들이 받는 혜택에 변화를 주기도 하고, 위에서 설명했던 '고객인식'이나 'MGM'과 관련하여 고객층을 차별화시키는 방법도 있다.

고객의 혜택을 변화시키려 할 때는 새로운 혜택의 개발이 핵심이다. 이때 그동안 축적된 고객정보를 활용한다. 고객의 라이프스타일이나 취미 등을 고려하기도 하고, 또는 구매동기 등을 감안하여 개발하기도 한다. 경우에 따라서는 그 시점의 유행이나 사회적인 트렌드에서 중요한 것들을 혜택으로 개발하기도 한다. 그래서 사회적인 변화나 소비자들의 관심에 대해 탐색하는 노력이 필요하다. 이를 위해서는 평소에 고객들이 어떤 점에 관심을 더 많이 갖는가를 파악하기 위해 고민하는 노력이 더욱 중요하다.

고객층을 차별화시키는 구체적인 방법으로는 고객의 유지기간이나 누적된 구매금액에 따라, 혹은 특정 상품이나 서비스를 이용할 경우에 고객층을 업그레이드시키는 방법이 있다. 아니면 아예 새로운 프로그램을 개발하여 그 프로그램으로 고객층을 이동시킬 수도 있다.

- 커뮤니티 (Community): 커뮤니티란 로열 고객들을 집단화시키는 것이다. 집단화의 가장 쉬운 예가 바로 '동호회' 다. 그런데 로열티 프로그램이나 고객관리 차원에서의 동호회는 단순한 취미나 라이프스타일의 동호회와는 차이가 있다. 여기서는 어느 특정한 브랜드에 대한 동호회를 말하며, 이런 동호회를 '브랜드커뮤니티'라고 부른다. 어떤 브랜드에 대한 웹 사이트가 있다고 하자. 웹 사이트는 브랜드를 이용하거나 관심이 많은 회원들이 모여서 정보를 교환하는 공간이 된다. 브랜드를 사용하는 색다른 방법들을 공유하기도 하고, 심지어 사고팔기도 한다. 비슷한 경쟁 브랜드가 있다면 브랜드의 단점을 찾아내서 서로 비교하기도 하고 자기 브랜드를 옹호하기도 한다. 이런 회원들은 다른 회원들에 비해 브랜드에 대한 지식도 많고 로열티가 아주 높은 층이다. 대표적인 예가 할리 데이비슨 오토바이를 타는 모임인 'HOG', 스와치 시계를 좋아하는 사람들의 모임인 'Swatch club' 같은 것들이고, 우리나라의 경우에도 특정 자동차 모델을 좋아하는 사람들만의 모임이 있다.

커뮤니티가 일반고객들의 로열화를 위한 중요한 수단이 되는 이유는 회원들 간에 서로 정보를 공유하며 브랜드에 대해 학습을 하기 때문이다. 이런 과정은 회원들 간의 일대일 커뮤니케이션으로 진행된다. 또 공개된 상황에서 발생하기 때문에 다른 회원들에게 설득 효과가 매우 높아진다. 높아진 설득 효과는 결국 브랜드에 대한 신뢰도와 만족도로 연결된다. 그래서 커뮤니티가 고객들의 로열티를 높이는 데 효율적이고 효과적이다.

- 평판관리(Reputation management) : 평판관리는 기업 활동의 결과를 이용하여 기업의 평판을 높이려는 것이다. 수치화가 가능한 매출, 영업이익, 시장점유율, 성장률, 주가 등과 수치로 매기기 어려운 애사심, 기업문화 등을 이용하여 기업의 신뢰성 및 인지도를 획득하려는 관리활동이다. 이는 PR 비즈니스의 중요한 축이기도 하다.

  여기서 '평판' 이란 유명하다고 알려지는 높은 인지도만을 뜻하는 것이 아니다. 인지도에 신뢰성이 포함되어 조화를 이루는 것을 의미한다. 따라서 '평판이 높다' 는 것은 유명하다고만 해서 가능한 것이 아니다. 대중적으로 유명하기도 하고, 고객들에게 평가도 좋아야 하며, '믿을 만하다' 는 고객들의 신뢰가 동시에 존재해야 비로소 '평판이 높다' 고 할 수 있다.

  기업에서 고객관리나 로열티 프로그램의 운영으로 평판관리를 하는 것은 그 브랜드에 대한 정보들을 이용하여 브랜드가 탁월하다는 평가를 알리는 활동을 말한다. 즉 기업브랜드나 제품브랜드를 이용하는 고객들이 자부심을 느낄 수 있도록 브랜드의 장점을 알리는 것을 고객관리활동의 주요한 메시지로 활용하는 것이다. 세계적으로 유명한 상을 수상했다거나, 공식적으로 기술을 인정받았다거나, 세계적인 유명인사가 이 제품을 사용한다거나, 아니면 고객층이 표준으로 삼을 수 있는 인사들이 사용한다거나 하는 뉴스들이 그것이다. 이는 그 브랜드를 사용하는 사람들에게 자부심을 줄 수 있는 소식들이다. 이런 소식들을 활용하여 홍보하거나 혹은 로열티 프로그램 가입 고객들에게 보내는 소식지나 회원지를 통해 알리는 것이 기업의 기본적인 마케팅 활동이다.

## 고객의 휴면방지

만약 고객이 더 이상 구매를 하지 않는다면 '휴면상태'가 된다. 휴면상태의 고객이 다시 일반고객으로 환원될 수 있는 가능성이 있을 때 이 전환을 시키기 위한 노력과, 또는 이전에 휴면상태로 빠지지 않게 하려는 노력이 바로 이 단계의 핵심전략이다.

보통 전략에 대한 기본적인 인식은 신규고객을 획득하는 노력보다 기존고객의 휴면방지를 위한 노력이 훨씬 효율적이고 효과적이라는 것이다. 만약 휴면의 이유를 찾아내면 휴면방지를 위한 활동을 쉽게 찾아낼 수 있다. 기존고객의 경우 데이터베이스를 가지고 있으므로, 이들을 분석해서 휴면의 이유를 찾아내는 방법도 좋다. 또한 휴면고객들은 지금의 상품이나 서비스에 대해서는 휴면상태이지만 새로운 상품이나 서비스에 있어서는 신규고객의 후보로 볼 수 있다는 인식도 가져야 한다.

## 휴면의 원인

고객들이 휴면에 이르는 원인은 무엇일까? 여러 가지 이유가 있을 수 있겠지만 가장 큰 원인은 두 가지다. 첫째, 기업의 서비스나 브랜드에 대한 불만이 생겼는데 해결하지 못했을 경우이다. 이 경우에는 휴면이 매우 빠르게 진행되므로 차라리 '이탈고객'으로 보는 것이 타당하다. 그런데 고객 한 사람의 이탈을 가볍게 보아서는 안 된다. 비슷한 이유로 더 많은 고객들의 이탈이 늘어날 수 있기 때문이다.

그나마 이탈고객의 수준이 자사의 상품이나 서비스의 구매를 멈추는 정도면 다행이다. 만약 자신의 불만을 다른 사람에게 전파하여 구매를 멈추게 하거나, 심지어 블로그나 미니홈피 등에 올려 전파하게 되면 파급력이 매우 크다. 게다가 언론에 노출되거나 법적인 호소까지 가면 매우 심각해진다. 따라서 불만을 가지고 있는 고객의 경우 '휴면고객'의 수준 정도로 멈추지 말고 '불만관리'의 수준으로 대응해야 한다.

고객이 휴면에 이르는 두 번째 이유는 고객들이 상품이나 서비스에 대해 심리적으로 점차 멀어지는 것이다. 이는 불만고객의 경우와는 달리 비교적 장기간에 걸쳐 일어난다. 이 경우는 대부분 고객에 대한 기업의 접촉노력이 적었을 때 발생하게 된다. 심지어 고객들의 브랜드에 대한 애정이나 관심이 매우 높음에도 불구하고 재구매를 할 기회가 없이 시간이 흘러가 버려 휴면으로 분류되는 경우도 있다. 이는 지속적인 커뮤니케이션이 부족했다는 뜻이다.

후자의 경우를 방지하기 위해서는 앞에서 일반고객의 로열화를 위해 실시했던 방법을 이용하면 된다. 우수고객이나 로열고객의 특징을 찾아 일반고객들 중 비슷한 특징을 갖는 고객들을 관리했듯이, 휴면

고객들의 특징을 가지고 있는 일반고객을 찾는 것이다. 그리고 그들에게 조치를 취하여 휴면고객이 되지 않도록 노력하는 것이다. 이를 위해서는 휴면고객관리 방법을 찾기 전에 휴면고객을 발견하는 활동이 우선시되어야 한다.

## 휴면고객의 발견

휴면고객을 발견하는 방법 역시 조사와 분석을 통해 가능하다. 통계적으로 일반고객이나 우수고객과는 구별되는 휴면고객만의 특징을 찾아내는 것이다. 이때 특히 소비나 구매와 관련하여 특정한 행위가 무엇인지 찾아내는 것이 중요하다. 예를 들어 보험회사의 경우, 고객들이 보험료 납입방법을 자동입금에서 지로로 변경 요청할 때가 있다. 이런 고객은 빠른 시간 내에 보험을 해지할 확률이 높다. 매달 자동으로 빠져나가던 보험료를 지로로 변경한다는 것은 대부분 더 이상 보험료를 내고 싶지 않다는 뜻을 공식적이고 완화된 방법으로 표현하는 것이기 때문이다. 이런 경우 그냥 방치해두면 빠른 시간 내에 해지고객으로 전락하기 때문에 이 고객을 집중적으로 관리할 필요가 있다.

## 불만 확인을 위한 장치

고객과의 커뮤니케이션은 언제나 중요하지만, 불만을 확인할 때는 특히 조심스럽게 접근해야 한다. 성공으로부터 많은 점을 배울 수 있지만 실패에서도 많은 깨달음을 얻을 수 있다. 우수고객이나 로열고객을 대하면서 배우고 파악할 점이 많지만 휴면고객으로부터도 많은 것들을 배울 수 있다. 특히 빠르게 이탈하는 특징을 보이는 불만이 있는 고객의 경우 이 불만의 원인을 찾아내면 기업 활동의 개선 방향성이나 내용에 대한 답이 나올 정도다. 따라서 불만고객들을 대할 때는 빠르게 이탈하는 것을 방지하기 위해 고객들의 반응을 최우선적으로 관리해야 한다. 대게 이런 것들은 다음에 설명할 고객센터에서 주로 담당해야 하는 내용들이다.

우선 로열티 프로그램에 가입된 고객들을 대상으로 불만이나 만족조사를 하는 것이 가장 쉬운 방법이다. 만약 별도로 조사를 진행하려고 하면 비용이 발생하기도 한다. 따라서 미리 고객과의 커뮤니케이션을 할 수 있는 장치를 마련하여 평소에도 꾸준히 고객의 반응을 파악하는 것이 좋다.

예를 들면 고객들에게 보내는 소식지나 회원지, 뉴스레터 등에 고객의 소리(VOC : Voice of Customers)를 듣는 장치를 마련하는 것이다. 이는 꼭 불만이라고 표현하지는 않더라도 개선이 필요한 부분을 지적해달라는 표현이 된다. 그래서 신규고객, 일반고객, 로열고객 등을 분류해서 의견을 듣다보면 각 고객층마다의 개선점을 발견해낼 수 있다. 또한 이런 정보는 다음 단계로 고객층을 전이시켜서 로열티를 강화해가는 방향을 설정하는데도 많은 도움이 된다.

- 지속적인 커뮤니케이션 : 고객휴면은 지속적인 커뮤니케이션이 부족할 때 발생하기도 한다. 재구매를 할 기회가 없이 시간이 흘러서 기업이 생각한 기간을 넘겨 휴면고객으로 분류되었을 수도 있고, 상품이나 서비스에 대한 만족이나 기대감이 사라져 심리적으로 멀어진 경우일 수도 있다. 어떤 경우든 공통점은 기본적으로 고객과의

지속적인 커뮤니케이션이 부족했다는 것이다. 판촉에 가까운, 구매를 자극하는 제안은 보내지 않는다 하더라도 상품이나 서비스에 대한 새로운 정보를 고객에게 꾸준히 제공해야 한다. 또 고객의 반응을 이끌어내는 수단을 마련할 필요가 있다. 예를 들어, 전화번호나 주소의 변경을 확인하는 방법이다. 변경하지 않았더라도 변경확인을 하는 전화나 우편물을 통해 고객들의 정보를 재차 확인할 수 있고, 고객들은 해당 기업이 아직도 자신을 인지하고 있다는 것을 알게 된다.

• 고객센터의 활용 : 고객관리에 있어 고객센터는 매우 중요한 정보원이다. 콜 센터로 들어오는 고객의 소리는 대부분 불만에 해당하는 것들이다. 불만이 없는 경우는 굳이 콜 센터까지 전화하거나 문의할 필요가 없기 때문이다.

문제는 고객센터에서 고객의 문의를 처리하는 과정이다. 즉 고객센터로 들어오는 고객의 소리가 '어떤 내용인지' 분류하는 것이 중요한데, 단순히 불만내용에 대한 분류보다는 기업 활동이나 브랜드 접촉점과 관련된 업무 프로세스를 기준으로 하는 것이 좋다. 이해가 쉽도록 다시 설명해보자. 고객센터에 문의가 들어오면 내부분 고객의 음성을 녹취할 것이다. 녹취한 내용을 분류기준에 따라 나누어 분석하는 것을 '내용분석(Contents Analysis)'이라고 하는데, 이 방법의 핵심은 '분류기준(Categories)'을 구체적이며 정확하게 규정하는 것이다. 특히 단순하게 '어떠한 불만들이 있었다'라는 것보다는 고객 접촉점과 관련시켜 업무 프로세스를 고려하는 것이 좋다.

이렇게 되면 업무 프로세스에서의 개선점을 발견해 낼 수 있으므로 향후 고객의 불만을 줄이는데 있어 체계적으로 접근할 수 있게 된다. 이런 식으로 체계적인 접근을 하지 않으면 어떤 부서에서 무엇을 개선해야 하는지 명확히 설명할 수 없기 때문이다. 또한 고객센터의 성과를 평가하는 기준도 달라져야 한다. 인 바운드·아웃 바운드의 콜 수, 평균 콜 시간, 고객응대의 친절성 등보다는 고객 불만의 감소, 업무 프로세스 개선에 대한 기여도, 고객에 대한 이해도 등을 더 중점적으로 평가하도록 기준이 전환되어야 하는지도 모른다는 의미다.

지금까지의 내용은 모두 고객의 유전인자 같은 특징을 활용한, 고객의 생애주기에 따른 전략들이었다. 다시 앞의 내용으로 돌아가 보자. 고객의 유전인자 같은 특징도 신규고객과 잠재고객에 따라 다르다. 신규고객들이 갖는 특성을 잘 파악하고, 그와 비슷한 유전인자를 가진 잠재고객들을 찾아낼 수 있다면 그들을 신규고객으로 쉽게 전환할 수 있다. 또 로열고객의 특성을 찾아서 일반고객들 중 같은 특성을 갖는 고객들을 찾아낼 수 있다면 이들을 로열고객으로 전환하기 쉬울 것이다. 결국 이 장의 주제인 '표적 고객층을 평가한다' 는 것은 이런 유전인자를 찾는다는 것과 동일한 개념이라는 것이다.

## 메시지의 개발 및 전달

앞에서 표적고객들의 유전인자에 해당하는 고객 특성을 파악했다면, 이제 그들에게 적절하고 명확한 메시지를 효과적으로 전달하는 일이 남았다. 여기서 해야 할 일을 크게 두 가지로 나눠볼 수 있는데 먼저 적절하고 명확한 메시지를 만드는 일이고, 두 번째가 이를 효과적·효율적으로 전달하는 일이다. 이 두 가지 일은 서로 긴밀한 관계를 가진다.

음식을 손님 앞에 내갈 때는 그릇에 담는다. 마케팅 커뮤니케이션 상에서 메시지는 음식이며, 채널이나 미디어는 그릇에 해당된다. 같은 음식이라도 어떤 그릇에 담느냐에 따라 미각을 자극하기도 하고 떨어뜨리기도 한다. 그릇에 따라 담아야 하는 음식이 달라지듯, 커뮤니케이션도 마찬가지다. 음식과 그릇이 상호 영향을 주듯이 메시지와 채널도 서로 영향을 주는 것이다. 때로는 서로 통제하고 제한을 두기도 한다. 가령 동영상으로 전달이 잘 되는 쉽고 가시적인 메시지들은 TV, 케이블 TV, 인터넷 등이 이용하기 좋은 미디어 채널이 된다. 또 논리적인 설명이 필요한 부분은 인쇄매체를 이용하는 것이 효율적이다.

- 메시지의 개발 : 통합된 마케팅 커뮤니케이션(IMC)에서는 메시지를 브랜드 강화의 목적을 지닌 것으로 보는데, 이러한 관점에서 크게 브랜드 메시지와 브랜드 인센티브로 나눌 수 있다. 브랜드 메시지란 브랜드를 인식시키기 위한 브랜드약속(Brand promise)이나 브랜드가치제안(Value proposition) 등을 내용으로 하며, 주로 광고나 홍보기사 등을 의미한다. 반면 브랜드 인센티브(Brand Incentive)는 브랜드를 경험하거나 구입하기 쉽도록 유도하는 메시지들로 주로 세일즈 프로모션의 할인이나 프리미엄 등의 제안(offer)을 담은 메시지들이 해당된다.

- 메시지의 전달 : IMC에서 말하는 '메시지 전달(Message delivery)' 이란 광고에서 말하는 '매체기획'과 같다. 즉 커뮤니케이션상의 채널이나 미디어를 통해 고객들에게 메시지를 효과적·효율적으로 전달

하는 것이다.

바로 이 메시지의 전달 부분에서 '상표접촉점'의 개념이 등장한다. 마케터가 일방적으로 '이러이러한 미디어를 통해 메시지를 전달해야지'라고 정하는 것이 아니라 먼저 표적고객들의 상표접촉점 중에서 중요하고 의미 있는 접촉점을 선정하고, 이 접촉점들을 통해 메시지를 전달하는 것이다. 이때 상표접촉점을 하나만 선택하는 것이 아니라 여러개를 선택하게 되고, 이 모든 상표접촉점들을 통해 동일한 메시지를 전달하게 된다. 이러한 측면에서 고객에 의해 '통합'이 되는 것이다.

## IMC의 실제

IMC에서 광고나 홍보, 판촉이나 이벤트, 혹은 DM 등 다양한 마케팅 커뮤니케이션을 통합하여 한 목소리로 전달하는 것은 분명히 옳은 개념이다. 하지만 이것은 초보적인 수준의 '통합된 마케팅 커뮤니케이션'일 뿐이다. 미디어가 매우 다양해지고 개인적 수준에서도 커뮤니케이션이 활발해지는 현대사회에서는 대중적인 접근이 아니라 개인적인 접근을 해야 하는 것이 마케팅 현실이다.

이런 상황에서는 초보적인 수준의 통합된 마케팅 커뮤니케이션이 그다지 유효하지 못하다. 지금은 고객들이나 소비자들의 다양한 접촉점들 중에서 의미 있고 중요한 것들을 골라서 통합하겠다는 변화된 IMC 개념이 필요한 때이다. 이렇게 변화된 IMC의 모습을 실제로 보여주는 것이 바로 다음의 그림이다.

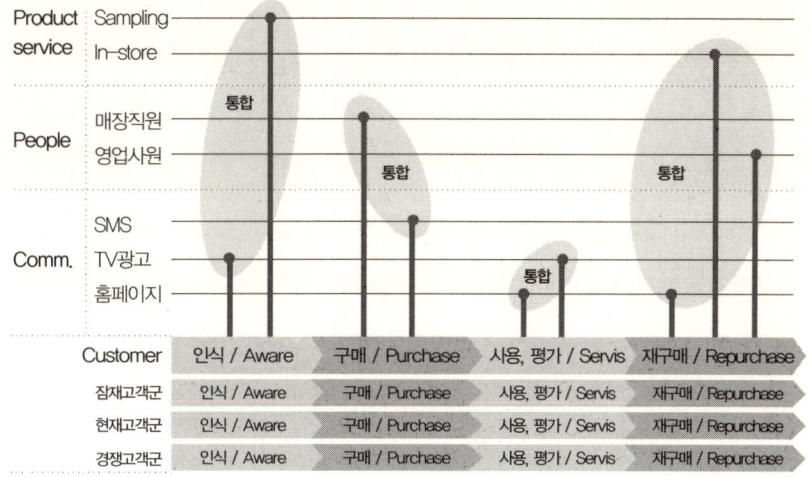

**IMC 예시**

## 구매과정의 설정

가로축은 소비자나 고객들의 구매과정을 의미한다. 그림에서는 '인식 → 구매 → 사용 및 평가 → 재구매' 라는 네 가지 단계로 표현하였지만, 이것은 예시일 뿐이다. 실제로 업종이나 상품에 따라서 달라질 수 있다. 가령 탐색 → 대안의 평가 → 구매→ 사용 → 사용 후 평가 → 재구매 등으로 볼 수도 있다. 또 커뮤니케이션 목표를 구매과정과 연결시킨 AIDMA나 AIDCA[19] 등도 사용할 수 있다. 이런 것들의 공통점은 구매를 최종점으로 하여 한 방향으로 흘러간다는 생각이다. 이런 구매과정을 표적 집단별로 만들 수도 있다.

---

19. AIDMA : Awareness(인식) → Interest(흥미) → Desire(욕구) → Memory(기억) → Action(구매)
   AIDCA : Awareness(인식) → Interest(흥미) → Conviction(확신) → Memory(기억) → Action(구매)

## 상표접촉점의 확인

세로축은 상표접촉점들이다. 접촉점들 중 의미 있고 중요한 상표접촉점들을 찾아서 선별하는 것이다. 그림의 예시에서는 세 가지 영역에서 일곱 가지 접촉점들을 의미 있고 중요한 접촉점으로 선정하였다.

## 접촉점들을 통한 메시지 전달, IMC

예시 그림에서는 표적집단의 인식단계에서 샘플을 나누어주는 샘플링과 TV광고가 의미 있고 중요한 접촉점이었다고 파악되었다. 이는 더 많은 잠재고객을 개발하거나 신규고객을 획득하기 위한 마케팅 커뮤니케이션의 '인식 단계'에서 샘플을 나누어주는 현장 활동과 TV광고가 중요한 커뮤니케이션이라는 의미다. 이 두 가지 접촉점을 활용하고, 이 두 가지 접촉점에서 고객들에게 전달되는 메시지의 주된 내용은 동일해야 한다는 것이 '통합'의 의미이다.

구매단계에서는 매장 영업사원의 활동과 단문자(SMS) 메시지가 중요한 접촉점이었다. 따라서 이 단계에서는 영업사원들이 고객들을 응대하면서 전달하는 메시지의 내용이나 단문자(SMS) 메시지의 핵심 내용이 같아야 한다. 이것이 바로 '통합된 마케팅 커뮤니케이션'이다.

그림을 통해서 보여주는 것은 하나의 예시로 실제로의 제품이나 상황에 따라 상표접촉점들이 다르게 나타날 수 있고, 구매과정도 다를 수 있다. 중요한 것은 '상표접촉점들을 통합한다'는 부분이 오늘날 통합된 마케팅 커뮤니케이션이 말하는 '통합된(Integrated)'의 실재라는 점이다.

지금까지는 IMC에 대해서 설명할 때 하나의 메시지가 다양한 커뮤니케이션 형태마다 동일하게 전달되어야 한다는 'One Sight, One Voice', 'One Team, One Voice'라는 의미를 강조해왔다. 이는 틀린 말은 아니다. 하지만 왜 그렇게 해야 하는지, 어떻게 그렇게 해야 하는 지에 대해서는 명쾌한 답을 들은 바가 없을 것이다. 그러나 이 책에서 강조하듯이 '상표접촉점을 통합하는 것'이 IMC의 실제 모습이라는 것을 알면 이러한 질문에 대답하는 것이 매우 쉬워진다.

뿐만 아니라 IMC의 전략적 방향이라고 하는 '밖에서 안으로의 접근 (Outside-In Approach)'도 이해하기 쉬워진다. 마케터의 의도에 따라 미디어나 커뮤니케이션 경로를 통합하는 것이 아니라 소비자나 고객의 상표접촉점으로부터 통합하는 것이기 때문이다. 이에 따르면 모든 출발점은 자연히 '밖'이라 할 수 있는 '소비자나 고객으로부터' 출발하게 되는 것이다.


## 성공적인 IMC를 위하여

현재 변화된 IMC의 핵심은 접촉점들을 커뮤니케이션 경로로 보는 것이다. 따라서 성공적인 IMC를 위해서는 커뮤니케이션 경로로 활용되는 접촉점들을 잘 파악하고 활용하는 것이 관건이다.

커뮤니케이션에서 비용이 가장 많이 드는 부분은 커뮤니케이션의 경로인 매체의 구입이다. 미디어나 채널 등 매체라고 불리는 커뮤니케이션 경로를 구입하기 위해 들이는 비용은 막대하다. DM(Direct Mail)을 보내는 경우에도 기획비·인쇄비도 들어가지만 우편료가 아주 많이 들어간다. 이벤트를 진행할 때에도 이를 홍보하거나 이벤트에 참석할 사람들을 초청하는 데 비용이 적잖이 든다.[20] 만약 커뮤니케이션 경로를 잘못 선택하게 되면 막대한 비용을 낭비하게 될 수 있다. 따라서 먼저 접촉점에 해당하는 커뮤니케이션 경로들을 잘 찾아보고, 선택하여 집중적으로 활용하는 것이 중요하다. 이와 관련하여 다음에 나올 내용들이 바로 IMC를 잘하기 위해 필요한 요령들이다.

## 스타벅스

실제적인 IMC의 관점에서 보면 '커스터머 저니(Customer Journey)' 라는 개념을 활용하는 것이 매우 유익하다. '커스터머 저니(Customer Journey)' 는 고객이 자사 제품이나 서비스를 이용하는 동선을 여행의 개념인 'Journey' 라는 단어를 이용하여 표현한 것이다.

인터넷에서 Customer Journey라는 단어를 쳐서 검색해 보면 아주 다양한 사이트나 정보들을 볼 수 있다. 이 많은 정보들이 조금씩 다르게 설명하고 있기는 하지만 '고객이 제품이나 서비스를 사용하는 동선' 을 설명하고 있다는 점에서는 일치한다. 비슷한 말로 '유저 저니(User Journey)', '유저 시나리오(User Scenario)' 라고 부르기도 하지만, 아직까지는 '커스터머 저니(Customer Journey)' 가 가장 많이 쓰이는 말이다. 다음 그림은 필자가 온라인에서 검색한[21] 내용으로 고객들이 스타벅스를 이용하는 과정과 접촉점을 동시에 표현한 Customer Journey이다.

당신이 스타벅스에 가서 커피를 마시고 나온다고 생각해보자. 먼저 가게에 들어가서 주문을 하고, 잠시 기다렸다가 커피를 받고, 테이블에 앉아 마시거나 혹은 가지고 나오는 것이 일반적인 과정일 것이다. 우선 이러한 과정을 나름대로 규정하고,

이 과정에서 고객들이 스타벅스라는 브랜드와 접촉하는 접촉점 및 경험하게 되는 모든 것들을 파악한다. 그리고 이 중에서 의미가 있다고 생각되는 접촉점이나 경험들을 찾아 정의하는 것이 Customer Journey를 찾는 일반적인 순서이다. 다음의 그림은 이런 과정을 마치고 난 뒤의 결과물이다.

| 접근하기 | 입점하기 | | 상호교류 | 머물기 | 옹호하기 |
|---|---|---|---|---|---|
| • 장소<br>- 지역찾기 | • 간판<br>- 간판보기<br>- 경쟁커피점<br>비교하기 | • 두리번<br>거리기<br>- 여기저기<br>두리번 | • 결정하기<br>- 메뉴비교<br>- 진열상품<br>- 냉장고 | • 구매결정<br>- 질문과 대답<br>- 별도의 도움 | • 떠나기<br>- 인사<br>- 로열티<br>프로그램 |
| | • 인식<br>- 친근함<br>- 결정하기 | • 입장 | • 참고 하기<br>- 메뉴비교<br>- 카드<br>- 포스터, POP<br>- 홀로, 동료와<br>의견교환 | • 구매       • 수령<br>- 상품권   - 확인<br>- 카드     - 수령 | |
| | | | | • 머물기<br>- 대화<br>- 인터넷<br>- 음악, 분위기 | |

**스타벅스의 커스터머 저니**

스타벅스는 고객들의 이동과정을 구매과정과 대치하여 '접근하기(Attract) → 입점하기(Orient) → 상호교류(Interact) → 머물기(Extend & Retain) → 옹호하기(Advocate)'로 정의하였다. 고객들이 '스타벅스가 이 주변 어디에 있나?' 하고 찾는 깃을 '접근하기'로, 가게에 들어오는 순간을 '입점하기' 로, 주문하는 것을 포함하여 카운터로 걸어오는 동안 가게 안의 싱횡, 디자인, 분위기, 상대 등 읽기나 비리보는 모든 것들을 포함하여 '상호교류' 라고 정의했다. 또 주문한 커피를 받아 테이블에 머무는 순간을 '머물기', 떠나면서 '커피를 잘 마셨다' 는 느낌이나 아니면 '역시 스타벅스야!'

---

20. 필자의 광고대행사 경험으로는 전체 광고예산의 75% 정도가 매체구매비용이었다.
21. http://whatidiscover.blogspot.com/2006/08/starbucks-customer-journey.html

하는 느낌을 가지고 밖으로 나가서 다른 사람에게도 스타벅스를 소개하거나 설명하게 되는 것을 '옹호하기'로 정의했다. 이러한 정의는 나름대로 고객들의 동선을 파악하고, 그것들을 의미에 따라 구분하고, 각 구분마다 의미를 대표할 이름을 정의한 것이다. 이 내용은 스타벅스에만 해당되는 고유한 구분과 정의이다.

또 이런 구분마다 고객들이 주요하게 경험하는 접촉점들을 찾고, 의미 있는 접촉점들을 나열하였다. 고객조사를 하거나 또는 고객의 관점에서 동선에 따라 어떤 접촉점들이 존재하는지 파악한 것이다. 구분된 과정마다 적혀 있는 내용들이 바로 그러한 접촉점들이다.

스타벅스가 고객들과 제대로 된 커뮤니케이션을 하기 위해서 어떤 경로를 활용해야 하는지의 문제는 바로 이런 접촉점들을 선택하는 문제와 동일하다. 그리고 이런 접촉점들을 한꺼번에 묶는 것이 바로 '통합'이다. 결국 이런 접촉점들을 선택하고 이를 통해 커뮤니케이션을 하게 되면 그것이 바로 IMC가 되는 것이다.

### 1. 구매경로나 동선을 잘 파악해야 한다.

접촉점을 찾고 설계할 때, 앞서 'IMC의 실제'와 '커스터머 저니'를 설명하면서 나타났던 구매경로나 동선과 함께 접촉점을 찾는 것이 매우 중요하다. 만약 앞뒤 상관없이 접촉점이 무엇인지만 찾는다면 별다른 의미를 지니지 못한다. 찾아낸 접촉점을 향후에 어떻게 활용해야 하는지에 대한 답도 없거니와, 어떤 메시지를 어떤 목적으로 고객들에게 보내야 할지 전략적인 답도 나오지 않는다. 반면 구매 경로나 동선과 함께 의미 있는 접촉점을 파악한 경우에는 전략적인 대답을 쉽게 구할 수 있다.

## 2. 고객들을 잘 구분하고 파악해야 한다.

대부분의 고객들이 구매경로나 동선에 있어서 공통적인 모습을 보여주는 것 같지만 자세히 관찰해보면 고객들마다 중요한 차이를 발견할 수 있다. 예를 들어 제품이나 서비스에 대한 탐색 단계에서 우수 고객들이 주로 접촉하는 접촉점과 일반고객들이 주로 접촉하는 접촉점은 다른 경우가 많다. 그래서 고객층 또는 고객군을 구분하여 그에 따른 접촉점을 잘 파악해야 한다. 이는 곧 앞의 1번 사항을 고객군마다 다르게 파악해야 한다는 의미이다.

기업의 입장에서 고객들을 인지하는 경우, 즉 데이터베이스에 기록된 고객들을 대상으로 고객군을 구분하는 경우는 비교적 쉬운 편이다. 앞에서 설명했듯이 '세분화'나 '군집화'를 통한 분석이나 모델링을 통해 구분할 수 있기 때문이다. 반면 고객들이 인지되지 않는 경우, 또 대중 마케팅 혹은 대중 커뮤니케이션을 실시하는 경우에는 따로 소비자 조사를 통해서 해야 하므로 고객군 구분이 쉽지 않다. 하지만 어느 경우든지 먼저 고객군을 구분해보고, 그에 따라 접촉점이나 경로를 파악하는 것이 중요하다.

## 3. 구매 제안만 하지 마라

IMC에서는 고객들에게 보내는 메시지를 브랜드 메시지와 브랜드 인센티브로 구분한다고 하였다. 고객들에게 브랜드 인센티브에 해당하는 판촉기획물이나 할인에 대한 정보 등을 보내는 일은 당연히 필요하다. 그러나 브랜드 인센티브만을 보내는 것을 주의해야 한다. 즉, 할인이나 쿠폰이나 보너스 등의 구매제안만 보내고 끝내지 말라는 것이다.

만약 구매과정과 함께 접촉점들이 잘 선택되어 있다고 하더라도, 매번 구매제안만 보내는 것은 어리석은 일이다. 소비자나 고객의 입장에서 생각해보라. 매번 받는 메시지가 구매제안일 경우 식상해진다. 여기에 익숙해지면 메시지와 접촉할 때마다 모두 구매제안일 것이라 판단하기 쉽다. 그러면 메시지 자체를 거부하거나 아예 관심을 두지 않게 된다.

따라서 구매제안보다는 브랜드약속이나 혜택 등과 관련된 브랜드 메시지들을 더 많이, 더 자주 보내는 것이 좋다. 세일즈 프로모션과 관련하여 구매제안을 보낼 때, 메시지와 구매제안은 약 4:1 정도의 비율이 좋다는 것이 필자의 경험이다. 실제로 단문자(SMS) 메시지만을 통해서 현재 고객에게 누적된 포인트를 소개하고, 고객이 활용할 수 있는 기회를 설명한 경우에 할인 메시지만 보낸 경우보다 더 높은 반응을 얻었다.


### 4. 지속적으로 업데이트하라

소비자나 고객은 고정되어 있는 기계가 아니라 변화무쌍한 사람이다. 때문에 취향, 생각, 행동 등이 때에 따라 조금씩 달라지기 마련이다. 또 새로운 IT기술의 등장으로 새로운 미디어가 생기는 등의 변화는 궁극적으로 소비자나 고객들과의 접촉점을 변화시킨다.

구매경로나 동선이 바뀌기도 한다. 새로운 방식으로 구매를 위한 탐색을 하기도 하고 구매를 결정하기도 한다. 새로운 접촉점이 등장하기도 하고, 이전에는 중요하지도 않았고 의미도 적었던 접촉점이 중요하고 의미 있는 접촉점으로 변하기도 한다. 물론 그 반대로 변하기도 한다. 이런 변화를 반영하여 접촉점들을 관리하는 것이 중요하다.

이런 변화를 감지하기 위해서는 지속적으로 고객을 관찰하는 것이 최상의 방법이다. 책상에만 머물러 있지 말고 현장이나 매장에 나가서 고객들과 대화하고 고객들을 관찰하거나, 정기적인 소비자나 고객조사 등을 실시해야 한다.

# Chapter 04

# 관계가 만들어지는 접촉점

오늘날 많은 기업이 관심을 두고 있거나 실제로 채택하고 있는 것이 고객관계관리(CRM : Customer Relationship Management)다. 그런데, 생각하면 할수록 참으로 애매한 것이 '관계'라는 개념이다. 기업과 고객 사이의 관계란 과연 무엇일까? 기업은 고객과의 관계를 어떻게 만들어 가야 하는 것일까? 기업이 고객과의 관계를 명확하게 하지 않으면 고객관계관리는 잘못된 방향으로 흐르기 쉽다.

고객관계관리(CRM)에서는 접촉점을 고객과의 관계를 만들어가는 경로로 본다. 관계를 만들어가는 것은 상호작용 커뮤니케이션이 하는 일인데, 이 점에서 접촉점을 커뮤니케이션의 경로로 보는 IMC와 맥락이 같다. 고객관계관리에서 말하는 다채널 커뮤니케이션(Multi-channels Communication)이 통합된 마케팅 커뮤니케이션(IMC)과 동일한 모습을 보인다는 것이다.

이 장에서는 관계가 만들어지는 접촉점에 대한 설명을 하려고 한다.

〈한국적 CRM 실천방안〉이라는 책이 있다. 저자인 경희대학교 박찬욱 교수는 2004년도 6월부터 약 1년간 우리나라의 고객관계관리(CRM : Customer Relationship Management) 실무자 80여명과 심층면접을 한 내용과 10여 년간 자문활동을 통해 습득한 경험을 더하여 이 책을 썼다. 그는 이 책의 첫머리인 'CRM'의 개념 설명에서 다음과 같은 내용을 분명하게 밝히고 있다. "고객관계관리의 가장 큰 특성은 고객을 집단이 아니라 개인으로 인식한다는 점에 있다. 따라서 고객관계관리 활동의 요체는 고객접점을 어떻게 개선해 나갈 것이며, 또한 필요한 경우에는 고객접점을 어떻게 창출해 나갈 것인가에 있다."[22] 즉 접촉점은 관계가 만들어지는 곳이고, 고객과의 관계를 형성하여 발전시키는 곳이라고 보는 관점이 바로 '고객관계관리'라는 것이다.

여기서 고객접점이란 '고객관계관리'를 하려는 기업의 활동이 고객과 접촉하는 '접촉점'을 줄여서 표현한 것뿐이다. 접촉점을 줄여서 접점이라고도 하는데, 고객관계관리에서는 접촉점을 '고객접점', '진실의 순간(MOT : Moments Of Truth)', 혹은 '터치 포인트(Touchpoints)', '콘택트 포인트(Contact Points)' 등의 다양한 이름으로 부르기도 한다. 하지만 이름이야 어떻게 부르건 접촉점을 고객과의 관계를 만들어 가는 중요한 경로로서 본다는 점은 같다.

여기서 가장 중요한 것은 관리해야 하는 고객과의 관계가 무엇인지를 분명하게 인지해야 한다는 점이다. 이를 위해서는 먼저 관계라는 말의 개념과 의미를 명확하게 알아야 한다.

# 관계의 개념

'고객관계관리(CRM)'는 많은 기업에서 채택하고 있어서 기업을 경영하거나 마케팅을 하는 사람들에게는 매우 익숙한 용어다. 단어를 풀어보면 '고객과의 어떠한 관계'를 관리한다는 말인데, 여기서 '고객과의 관계'라는 것은 무엇을 의미할까? '고객관계관리'라는 용어를 즐겨 쓰는데도 이러한 질문에 쉽고 만족스럽게 대답하는 마케터들을 만나기 어려웠다. 심지어는 기간계 CRM을 하거나 운영계 CRM을 하는 사람들, 아니면 CRM의 영역에서 일하는 어떤 사람들에게도 명쾌한 답을 듣지 못했다. 그만큼 '관계'란 규정하기 어려운 개념이다.

이러한 특성을 잘 보여주는 우스갯소리가 있다. 한 부인이 출산이 임박하여 진통을 호소하고 있다. 남편은 아내를 데리고 산부인과로 급하게 달려갔다. 남편은 분만 전 진찰을 위해 진료실로 들어가는 부인을 따라 들어가려고 했다. 그러자 간호사가 가로막으며 "관계자 외 출입금지 입니다"라고 말했다. 그 얘기를 들은 남편이 미소를 지으며 이렇게 말했다. "이것 보세요, 나야말로 저 여자와 진정 관계한 남자요!"

만약 '관계'란 단어가 명확한 한 가지의 의미만 가지고 있다면 '관계자 외 출입금지' 표어의 '관계'와 남자가 얘기하는 '진정 관계한 남자'의 '관계'는 동일한 의미를 가져야 할 것이다. 만약 관계가 한 가지 의미를 가지고 있다면 '고객관계관리'라는 말이나, '고객과의 관계를 개선해야 한다'는 말, 또는 '고객과의 관계를 바탕으로 수익을 창출하자'는

---

22. 박찬욱, 한국적 CRM 실천방안, 시그마컴, 2005, p15

등의 표현에서 사용되는 '관계'라는 의미가 간호사가 말했던 '관계'와 같아야 할 것이다. 그런데 '고객관리'와 간호사가 말했던 '관계'가 같은 의미인가? 아니면 남편이 말하는 '관계'와 같은 의미인가?

명확한 이해나 의사소통에 있어서는 하나의 단어가 한 가지의 의미만을 가지는 것이 가장 좋을 것이다. 하지만 실제 언어 사용에 있어서는 하나의 단어가 두 서너 가지의 의미를 품고 있는 경우가 많다. 이럴 경우, 의미에 공통점이 있다면 이해에 어려움이 적겠지만 공통점이 없는 경우에는 의사소통에 문제가 생기거나 오해가 생기기 마련이다.

앞의 우스갯소리에서 등장한 '관계'라는 단어들은 각각 서로 다른 의미를 가진다. '관계자 외 출입금지'에서 '관계'는 '어떤 방면이나 영역, 즉 병원 측과 관계가 있는'의 의미를, 남편이 말한 '관계'는 '남녀간의 관계, 즉 자신과 아내의 부부관계'를 의미한다. 그런데 관계는 이 외의 다른 의미로 쓰이기도 한다. '어떤 이유 때문에'라는 뜻으로, 예를 들어 '비가 오는 관계로 오늘 행사는 취소되었습니다'는 등의 표현이 있다.

'관계'라는 말 자체도 깊은 뜻이 있는 어려운 말인데, 한 가지 의미로 통일성 있게 사용하지 않고 있어서 고객관계관리라는 말에도 영향을 주고 있다. '고객관계관리'라는 용어도 다양하게 이해되거나 모호하게 사용되는 경우가 많다는 것이다.

## 관계는 커뮤니케이션의 측면에서 이해해야

그렇다면 기업의 활동이나 마케팅에서의 '관계'는 어떻게 이해해야 할까? 사실 관계라는 말은 커뮤니케이션의 관점에서 보는 것이 가장 이해하기 쉽다. 기업이나 고객 입장에서의 '관계' 란 어떤 한 사람이나 조직 한 쪽만 있어서는 만들어지지 않는다. 반드시 상대방이 존재해야 하며, 상대방과 공통부분이 있어야 한다. 공통부분의 종류와 내용에 따라서 관계가 달라지는 것이다. 이러한 '관계' 의 모습을 좀 더 쉽게 보여주는 것이 바로 다음의 그림이다.

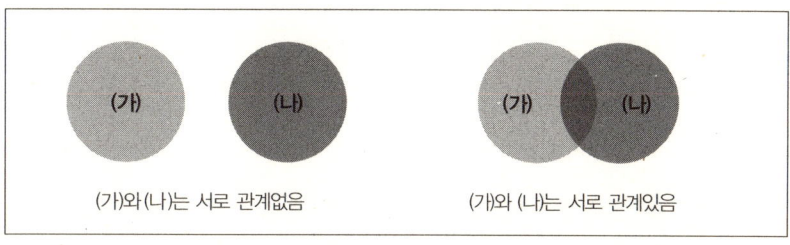

(가)와 (나)는 서로 관계없음          (가)와 (나)는 서로 관계있음

첫 번째 그림의 왼쪽에서 (가)와 (나)는 서로 독자적이어서 연결되는 부분이나 공통되는 부분이 전혀 없다. 이런 경우 (가)와 (나)는 서로 관계가 없다고 할 수 있다. 수학의 개념으로 설명하면 교집합의 부분이 없는 것이다. 반면 오른쪽 그림의 (가)와 (나)는 서로 중복되는 부분이 있다. 바로 이 중복되는 교집합 부분이 (가)와 (나)가 서로 관계가 있는 부분이라고 할 수 있다. 이 부분을 좀 더 확장해보자.

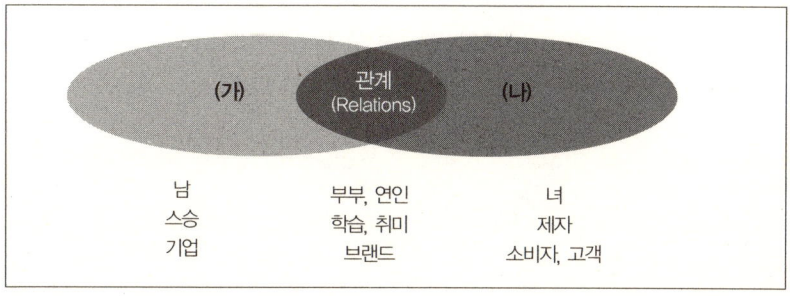

남자와 여자 각 한명씩의 관계를 두고 생각해보자. 이 남녀에게는 서로 중복되거나 공통의 부분이라고 할 수 있는 교집합이 있다. 이 교집합의 내용에 의해 부부관계일 수도 있고 연인관계일 수도 있는 것이다. 같은 남녀이지만 스승과 제자의 관계일 수도 있다. 이런 경우에는 '가르쳐주는' 스승의 영역과 '배우는' 제자의 영역이 공통부분이 된다. 그런데 두 사람이 모두 등산을 좋아해서 함께 산을 오른다고 해보자. 이 때에는 스승과 제자 사이 뿐 아니라 '동호인'의 관계가 설정될 수도 있다. 즉 대상은 동일하다고 하더라도 그 대상과의 관계는 공통부분에 내용에 따라 달라지거나 많아질 수도 있는 것이다. 좀 더 명확하게 정리하자면 '관계란 두 대상이 다음과 같은 두 가지 요소를 동시에 충족시키는 상태'를 말한다.

첫째, 두 당사자 사이에 서로 공통부분이 있다.
둘째, 두 당사자 사이에 서로 상대방에 대한 태도가 있다.

### 공통부분 - 필요조건

공통부분은 두 대상 사이의 관계를 만들기 위해 가장 기본적으로 필요한 요소이다. 공통부분이 없다면 대상간의 관계는 존재할 수 없다. 그런데 이 공통부분은 처음부터 존재하거나 만들어지는 것이 아니다. 두 대상 중 어느 한 쪽이라도 서로 공통부분을 만들겠다는 의지를 가지고 접근하는 노력이 필요하다. 그래서 처음 관계가 형성되는 상황에서는 두 대상 중 관계를 만들려는 의지가 강한 쪽에서 더 적극적으로 공통부분을 만들려고 한다.

다시 남녀의 관계로 예를 들어보자. 어떤 남녀가 서로 사랑하는 감정을 느끼고 있다. 이 부분이 공통부분이 된다면 둘의 관계는 연인이나 부부관계가 될 수 있다. 그러나 두 사람이 이런 관계가 아니라 테니스를 취미로 하는 동호인으로서 공통부분을 가지고 있다면 둘은 동호인 관계가 된다. 만약 여자가 대학교의 교수이고 남자는 학생이라고 하면 수업을 들을 때 이들은 교수와 수강생, 즉 스승과 제자의 관계가 된다. 이렇게 두 당사자의 공통부분은 관계를 만들고, 관계의 종류를 결정짓는 중요한 요소이다.

이번에는 기업과 고객을 두 대상으로 보고 둘의 관계를 생각해보자. 기업과 고객의 관계가 만들어질 수 있는 공통부분은 제품의 구매 또는 사용이다. 기업이 제공하는 제품이나 서비스를 사용하지 않는 사람들을 비소비자, 비사용자, 잠재고객으로 분류할 수 있는데, 이들은 아직 기업과 공통부분이 없는 상태이다. 반면 기업의 제품을 구매하거나 사용하는 사람들은 고객, 또는 소비자로서 기업과의 공통부분이 생기게 된다. 이 공통부분에는 구매나 사용에서부터 고객들이 기업의 제품이나 서비스에 관심이 있어 전화를 하거나, 카탈로그를 요구하거나, 홈페이지를 탐색하는 등의 성보탐색까지도 포함된다.

여기서 기업은 고객들이 입장이 어떤가에 주의를 기울여야 한다. 고객들은 기입의 제품이나 서비스를 구매 또는 이용하어 자신의 필요와 욕구를 충족시키고 싶을 수도 있고, 또 자신의 생활을 보다 편리하거나 아름답게 하려는 욕구가 있을 수도 있다. 어떤 욕구가 기업이 제공하는 제품 또는 서비스와 만나게 되는 부분인지 파악해야 한다. 이 부분이 바로 고객과 기업과의 관계를 만드는 시작인 것이다.

이런 측면에서 생각해 보면 기업의 입장에서는 잠재고객들보다 현재고객이, 비사용자보다는 현재 사용자들이 훨씬 관계성이 깊다고 쉽게 이해할 수 있다. 현재고객들은 제품이나 서비스에 대해서 이미 구매를 했거나 사용을 하는 등 공통부분이 이미 만들어져 있기 때문이다. 즉, 최소한 관계가 시작된 상태라고 파악할 수 있는 것이다. 따라서 기업들이 잠재고객보다 현재고객이나 사용자들을 더욱 소중하게 생각하는 당연한 이치다.

### 상대방에 대한 태도 : 충분조건

그런데 공통된 부분이 있다고 해서 그 관계가 완성되는 것은 아니다. 공통부분은 관계가 만들어지기 위해 최소한도로 필요한 부분일 뿐이다. 관계의 내용도 공통부분을 바탕으로 단순하게 결정지을 수 있지만 거기서 멈춰서는 안 된다. 이것만으로는 충분치 않다. 보다 명확한 관계의 성격, 즉 '관계성'이 형성되어야 관계가 완성된다.

두 대상 사이의 관계가 어떤 관계인지 보다 구체적으로 규정지어주는 '관계성'은 대상이 상대방에 대해 어떤 태도를 가지고 있느냐에 따라 결정된다. 앞의 그림을 통해 설명한 내용에서도 알 수 있다. 어떤 남녀가 있는데 서로 배려하고 가까워지고 싶은 욕구를 가지고 있다고 하자. 이러한 욕구는 상대를 대할 때 구체적인 태도를 통해 드러나게 된다. 그런데 남자는 앞의 마음이 사랑으로 발전하기를 바라지만 여자는 우정으로만 간직하기 바란다고 설정해보자.

이런 경우, 남자가 여자를 대하는 태도와 여자가 남자를 대하는 태도가 서로 다르게 나타나게 된다. 이렇게 태도에 차이가 있을 경우 두 사람의 관계는 모호해지고 갈등이 생긴다. 서로 원하는 관계, 즉 서로 공통으로 가지고 싶은 관계가 연인관계인지 친구관계인지 결정해야 하는 순간을 맞게 된다는 것이다.

하나의 예를 더 들어 보자. 함께 테니스를 치는 동호인인 두 남녀를 생각해보자. 남자는 동등한 동호인의 입장이지만 테니스 실력이 더 뛰어나서 여러 가지 요령이나 기술을 가르쳐 주고 싶어 한다. 여자도 그러한 남자의 배려를 반기고 고마워한다. 이런 경우 서로 동호인의 관계이기도 하지만 기술을 가르쳐주고 배우는 친근한 스승과 제자 관계가 동시에 만들어지기도 하는 것이다.

이처럼 두 대상 사이에서는 상대방에 대한 태도가 '관계'의 성격을 규정하게 된다. 이 관계가 원활히 만들어지려면 상대방의 태도에 대해 서로 이해하고 받아들여야 한다. 그래야만 관계가 명확하게 만들어질 수 있다. 만약 한 쪽의 태도를 상대가 받아들이지 못하면 서로의 공통부분이 형성되지 않으므로 관계는 만들어지지 않는다.

다시 말해 공통부분이 있다고 하더라도 서로의 태도를 받아들이지 않으면 관계가 공고해지지 않는다는 것이다. 이처럼 관계성이란 상대방에 대한 태도에 의해 규정되고, 두 대상이 상대방의 태도를 용인해야만 명확해진다.

이제 기업과 고객의 관계를 생각해보자. 기업이 소비자나 고객들을 '수익의 원천' 정도로만 여기면 고객과의 관계는 어떻게 될까? 기업의 입장에서는 소비자나 고객이 수익의 원천인 것이 사실이다. 하지만 만약 기업이 그런 생각을 갖는다면 소비자나 고객들에게 이익을 이끌어내기 위한 태도만을 보이게 된다. 구매를 강조하는 권유만 자주 하게 되는 것이다. 이럴 경우 고객이나 소비자들의 머릿속에는 그 기업의 이미지가 '넌더리가 나고 싫증나는 기업'으로 자리잡기 쉽다.

그래서 오늘날의 기업들은 이러한 태도를 버리기 위해 노력한다. 소비자나 고객을 수익의 원천으로만 보지는 않는다. 수익의 원천인 것이 당연한 사실이지만 이를 앞세우지 않는다는 것이다. 오히려 소비자나 고객이 기업의 제품을 이용하여 보다 편안하거나 아름다운 생활을 영위할 수 있는 대상으로 여긴다. 자신들의 제품이나 서비스를 제공하여 그러한 생활이 가능하도록 돕고, 이 과정에서 자신들에게도 수익이 생기는 것이라고 생각하는 것이다.

이러한 기업의 입장을 엿볼 수 있는 요소가 바로 비전이나 사명 같은 것이다. 기업에서 공개적으로 발표하고 임직원들이 공유하고 체화하려는 비전이나 사명(Mission Statement), 혹은 '우리의 자세', '믿음(brief)', 혹은 같은 의미의 라틴어인 'Credo' 등으로 표현하는 내용이다. 이를 통해 고객을, 더 나아가 국가나 사회를 대하는 자신들의 태도를 나타내고자 한다. 또 자신(기업)의 존재 이유나 소비자나 고객을 대하는 자세에 대해서 설명하려고 한다.

## 상대방에 대한 태도의 예 – 교보생명의 비전

이 예시로 교보생명을 선택한 이유는 특별한 것은 아니다. 일단 국내에서 잘 알려져 있고, 필자 회사 건너편에 빌딩이 있다는 단순한 이유이기도 하다. 고객관계관리를 하는 기업이기 때문에 '상대방에 대한 태도'를 설명하려고 선택한 예시일 뿐이다. 또한 이 장에서 설명하는 '상대방의 태도'와 관련하여 교보생명의 CRM팀 혹은 홍보

팀이나 경영관리팀 누구와도 사전에 상의한 바가 없다. 오로지 교보생명의 홈페이지에 공개되어 있는 정보만으로 기업이 고객에 대한 태도를 어떻게 가지고 있는지를 하나의 예로 탐색해 보려는 것이다.

포탈 사이트에서 '교보생명'을 입력하여 홈페이지의 주소를 확인하였고, 교보생명 홈페이지를 안에서 '회사소개 〉 기업정보 〉 교보인의 Vision' 순서로 교보생명의 비전을 찾아보았다. 최종 주소는 다음과 같다. www.kyobo.co.kr/KBLCM/in/ininkokiviVision.do(2009년 4월 기준)

기업의 비전은 기업이 궁극적으로 지향하는 바이다. 곧 기업의 존재 이유이기도 하다. 그러므로 '교보생명의 비전'이라고 하면 교보생명의 존재 이유를 밝힌 것이라고 보면 된다. 홈페이지에서는 '교보생명의 비전'이 아니라 '교보인의 비전'이라고 표현하고 있다. 교보생명의 직원들을 교보생명의 주체가 되는 '교보인'으로 총칭했다. 이는 직원들의 비전을 기업의 비전으로 일체화한 것으로 추측된다. 이 비전이 곧 교보생명의 임직원들이 존재하는 이유인 것이다.

홈페이지에 명시되어 있는 교보생명의 비전은 '고객들이 삶의 어느 단계에서나 재정 / 교육 / 건강 문제 등 미래의 역경으로 인해 좌절하지 않고 평생 동안 삶의 소중한 가치를 추구하며, 가족과 함께 행복을 누릴 수 있도록 도와 드립니다'이다. 이 비전을 달성하기 위한 핵심 목적으로는 '우리의 사명은 모든 사람이 미래의 역경에서 좌절하지 않도록 도와드리는 것입니다'라고 밝히고 있고, 이를 지켜나가기 위한 가치요소로서 '고객지향', '정직과 성실' 그리고 '도전정신'의 세 가지를 밝히고 있다.

이를 바탕으로 해석해 보면, 교보생명의 존재 이유는 '소비자나 고객들이 행복을 누릴 수 있도록 도와주는 것'이다. 만약 이런 도움을 주지 못한다면 교보생명은 존재할 이유가 없게 된다는 뜻이다. 또 교보생명의 임직원들은 고객들에게 다음과 같은 도움을 주기 위해 노력해야 한다는 의미도 함께 품고 있다.

교보생명 vision

관계를 만들기 위한 한 가지 요소인 '상대방에 대한 태도'의 관점에서 생각해보자. 여기서 상대방이란 곧 고객들인데, 비전의 내용에서 고객들에 대한 교보생명의 태도를 파악할 수 있다.

우선, 교보생명은 고객들을 긍정적으로 바라보고 있다. 고객들은 '미래의 역경으로 인해 좌절하지 않고 노력하는 사람들, 평생 동안 소중한 가치를 추구하는 사람들, 가족과 함께 행복을 누리는 사람들'로 바라본다는 것이다. 이런 시각은 교보생명이 고객들을 긍정적으로 바라보는 태도를 가지고 있음을 직접적으로 보여준다.

또 비전을 지켜나가기 위한 가치요소에서도 고객들에 대한 태도를 엿볼 수 있다. 고객들을 대함에 있어서 고객의 혜택을 먼저 생각하는 '고객지향적 사고', 정직하고 성실한 자세로 책임을 다해야 하는 '정직과 성실', 그리고 회사와 자신에 대한 끊임없는 도전을 하는 '도전정신'이라는 세 가지가 가치요소이다. 이 중에서 직접적으로 태도를 요구하는 요소는 '고객지향 사고'와 '정직과 성실' 두 가지이고, '도전정신'은 간접적인 가치요소이다.

고객지향적 사고는 말 그대로 고객들이 긍정적인 삶을 살 수 있도록 도와주기 위해서, 기업이 어떻게 행동해야 할지를 고객의 입장에서 생각하라는 것이다. 즉 임직원들에게 고객지향적 태도를 가지라고 요구하는 것이다. '정직과 성실' 이란 이라는 항목은 그런 과정에서 가져야 할 태도이다. 또 이러한 비전을 달성해가는 데 필요한 것이라면 회사가 실현하도록 요구하거나 앞장서거나 하는 등의 적극적 자세를 가지라는 것이 '도전정신' 이다.

비전이 있다는 것에서 끝이 아니다. 이 비전을 실현하기 위한 교보인들의 태도가 고객들에게 전달되는 것이 중요하다. 이러한 측면에서 위에서 언급한 태도들은 교보생명이 고객들과 관계를 만들어 가기 위해 가지려는 태도인 것이다.

꼭 교보생명이 아니더라도 비전이나 미션을 정해 놓고 공개하는 다른 기업들의 경우에도 이런 방식으로 찾고 분석할 수 있다. 이를 통해 그 기업이 고객들에 대해 어떤 태도를 가지고 있는가를 가늠해볼 수 있다.

# 관계를 만들어가는 상호작용 커뮤니케이션

관계를 만들어가는 것은 곧 '커뮤니케이션' 이다. 커뮤니케이션의 '컴' 은 라틴어에서 '공동' 이라는 뜻이다. 이런 의미에서 커뮤니케이션은 '두 대상 간에 의사소통을 통해 생각, 지식, 경험의 공통된 부분을 넓혀나가는 것' 이라고 생각하면 아주 쉽다. 이런 과정을 통해 공통부분이 넓어지면 서로 더 잘 이해하게 되고, 한 대상이 다른 대상을 설득하거나 태도를 바꾸는 것도 쉬워진다.

여기에 더하여 앞서 관계의 개념을 설명하면서 제시했던 두 가지 요소, 즉 공통부분과 상대방에 대한 태도를 생각해보자. 커뮤니케이션이라는 단어의 '컴' 자체가 공통부분을 의미하는 것이다. 그리고 이 공통부분을 넓혀나가는 것이 곧 관계성을 명확히 하고 확대해 나가는 것이다. 이렇게 이해하면 관계를 만들어가는데 커뮤니케이션이 중요하다는 사실을 짐작할 수 있을 것이다. 커뮤니케이션에는 크게 3가지 형태가 있다. 그 중 '관계'를 만들어가는데 있어서는 '상호작용 커뮤니케이션(Interactive Communication)'이 독보적이며 탁월한 기능을 지닌다. 지금부터 좀 더 구체적으로 설명하겠다.

## 세 가지 커뮤니케이션

세 가지 커뮤니케이션은 One-way, Two-way, 그리고 Interactive 의 세 가지를 말한다. One-way는 '일방향' 혹은 '단방향'이라고 하고, Two-way는 '쌍방향' 혹은 '양방향'이라고 하며, Interactive는 '상호작용'이라고 번역한다. 커뮤니케이션이 일어나는 과정을 설명하려면 모델을 이용하는 것이 좋은데, 세가지 커뮤니케이션을 모델로 그리면 옆의 그림과 같다.

커뮤니케이션을 구성하는 요소들을 우선 살펴보자. 커뮤니케이션을 하는 데는 두 대상이 있어야 한다. 커뮤니케이션을 하기 위해 정보를 전달하는 쪽이 '송신자(Sender)이며, 다른 쪽은 정보를 받는 '수신자(Receiver)'이다. 정보는 메시지(Message)로 구성되고, 그 메시지는 미디어(Media)나 채널(Channel)을 통해서 전달된다. 메시지가 음식이라면 미디어나 채널은 그 음식을 담은 그릇이다. 송신자가 정보를 메시지로 구성하는 것을 '메시지화(Encode)'라고 하며, 송신자가 보내진 정보를

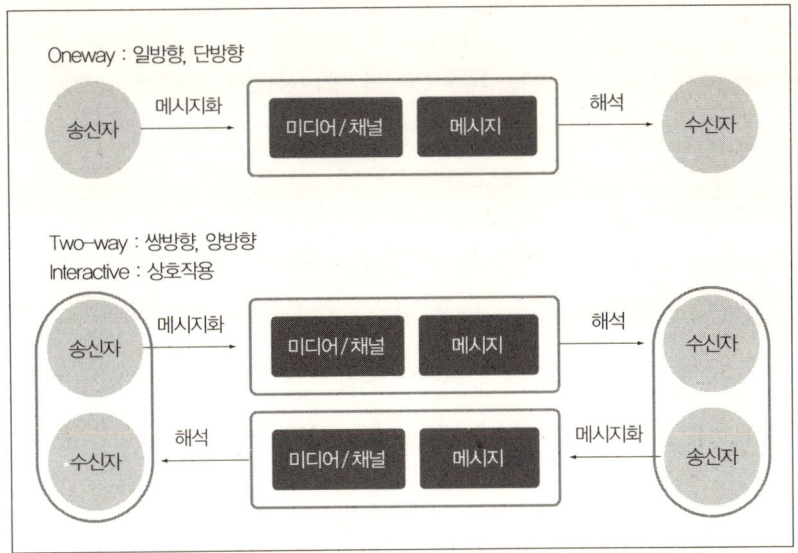

Communication models

받아서 해석하는 '해석(Decode)'이라는 단계가 있다. 이 구성요소들 중 어느 하나라도 없거나 모자란다면 커뮤니케이션이 될 수 없다.

• 일방향 커뮤니케이션 : 일방향 커뮤니케이션이란 정보의 흐름이 한 방향으로만 흐른다는 의미이다. 이는 송신자가 메시지를 만들어 미디어나 채널을 이용하여 내보내면 수신자가 그것을 받고 해석하는 한 가지 방향의 흐름을 가진 커뮤니케이션을 말한다.

마케팅 상에서 내표적인 일방향 커뮤니케이션이라고 하면 '광고'를 들 수 있다. 이는 기업이 송신자가 되는데, 광고대행사를 이용하거나 혹은 자사의 광고팀이 광고를 만들기 때문에 고객이 수신자가 된다. 광고의 제작은 광고대행사를 이용하거나 혹은 자사의 광고팀에서 담당한다. 여기서 광고는 '메시지'가 되며, 이 메시지를 만드는 과정이 바로 '메시지화'인 것이다. 광고의 종류로는 텔레비전 광고, 신문 광고, 라디오 광고가 있고, 혹은 인터넷을 이용한 팝업창 광고일 수도 있다. 메시지는 이런 채널이나 미디어에 담겨 수신자인 소비자에게 전달된다. 광고를 전달받은 수신자는 광고 내용을 통해 브랜드를 인식하고, 이는 시장에 가서 상품을 구입하는 동기가 되기도 한다. 일방향 커뮤니케이션의 패러다임은 '자극-반응'이다. 소비자에게 메시지를 보내면(자극을 주면), 소비자는 이 메시지에 대해 인지하거나 혹은 메시지가 요청하는 대로 행동을 하는 등의 반응을 보이게 된다는 것이다.

• 양방향 커뮤니케이션 : 일방향과 달리 정보의 흐름이 양쪽으로 흐른다는 의미이다. 이때 양쪽이란 송신자와 수신자를 말한다. 그러니까 송신자가 수신자에게 메시지를 전달하는 동시에 수신자도 송신자가 되어 메시지를 전달하는 양방향의 정보 흐름을 의미하는 것이다. 쉽게 송신자와 수신자가 서로 정보를 주고받는다고 생각하면 된다. 마케팅 상에서는 이러한 양방향 커뮤니케이션 형식을 자주 볼 수 있다. 예를 들어 기업이 고객에게 DM을 보냈다고 하자. 고객이 그 DM을 받고 문의를 하거나 제품을 구입했을 경우, 이를 양방향 커뮤니케이션 형태로 볼 수 있다. 고객이 기업의 홈페이지에 들어가 어떤 정보를 보고 댓글을 다는 것도 이러한 양방향의 형태이다. 광고에서 '직접반응광고'라는 것이 있다. 텔레비전 광고의 하단이나 신문 광고에 상담전화번호를 넣어 광고를 본 소비자나 고객들로부터 문의나 상담을 바로 받는 것이다. 이것이 바로 양방향 커뮤니케이션의

예시가 된다.

이런 양방향 커뮤니케이션의 패러다임은 '정보의 교환'이다. 송신자와 수신자가 서로 메시지를 주고받으면서 서로의 정보를 교환하게 되기 때문이다. 그러므로 교환이 잘 되면 양방향커뮤니케이션이 잘 되는 것으로 보면 된다.

- 상호작용 커뮤니케이션 : 위의 그림에서도 확인할 수 있듯이, 양방향 커뮤니케이션과 상호작용 커뮤니케이션은 모델이 같다. 이는 양방향 커뮤니케이션과 상호작용 커뮤니케이션이 본질적으로 같다는 의미이다. 특히 송신자와 수신자가 서로 정보를 주고받는다는 본질은 동일하다. 그런데 두 커뮤니케이션의 패러다임은 차이가 있다. 양방향 커뮤니케이션의 패러다임은 '정보의 교환'이지만 상호작용 커뮤니케이션의 패러다임은 '관계 만들기'다. 두 가지 커뮤니케이션이 본질적으로 같은 것이라면서 어떤 차이가 있길래 상호작용커뮤니케이션은 '관계'를 만들어간다는 것일까?

정답은 서로 주고받는 메시지 사이의 상관성에 있다. 주고받는 두 메시지의 상관성이 높을수록 상호작용 커뮤니케이션에 가까워진다. 이때 상관성이 높다는 것은 곧 두 메시지들의 내용이 서로서로 연관되어 있다는 뜻이고, 연관되어 있다는 말은 메시지의 내용이 서로를 바탕으로 작성된다는 말이다.

영어식으로 표현하자면 메시지를 주고받는 과정에서 만들어 전달하는 메시지의 내용이 '직전의 메시지를 바탕으로(Based on previous message)' 만들어지면 연관성이 높은 메시지가 된다. 간단히 말해서 바로 직전의 메시지를 바탕으로 새로운 메시지를 주고받으면 그것이 상호작용 커뮤니케이션이라는 것이다.

간혹 상호작용 커뮤니케이션을 말하면서 연속성이나 지속성, 실시간성 등을 언급하기도 하는데, 양방향 커뮤니케이션과의 핵심적인 차이점은 주고받는 메시지의 상호연관성이지 연속성이나 실시간성은 아니다. 송신자와 수신자가 서로 메시지를 주고받는 것이 지속된다면 연속성은 자연히 생기게 마련이다.

즉, 연속성이란 상호작용 커뮤니케이션과 양방향 커뮤니케이션 모두가 갖고 있는 한 공통점일 뿐이지 상호작용만의 차이는 아닌 것이다. 실시간성도 마찬가지인데, 실시간으로 주고받을 수 있다는 것은 원활한 커뮤니케이션을 만들어 주는 요소일 뿐이다. 양방향 커뮤니케이션도 실시간으로 할 수 있으므로 상호작용 커뮤니케이션만의 차이점은 아닌 것이다.

상호작용 커뮤니케이션이 관계를 만들어가는 것은 메시지에 그 비결이 있다. 메시지를 주고받는 과정에서 새로운 메시지를 만들 때 바로 직전에 받은 메시지를 바탕으로 만들게 된다. 그리고 그 안에 상대방에 대한 태도를 보여주는 메시지들을 담게 되는 것이다. 어떤 남자와 여자가 있다고 하자. 그 둘이 선생과 제자의 관계라면, 선생이 제자에게 전달하는 메시지에 선생의 태도를 담는다던가 제자의 태도를 담는 것을 말한다. 연인사이라는 관계성에 따라서 서로 보내는 메시지에 연인의 태도를 담는 것이다. 그런 태도가 담긴 메시지를 주고받으면서 관계성이 공고해지는 것이다.

이번에는 고객관계관리라는 입장에서 바라보자. 기업이나 고객은 서로서로 상호작용 커뮤니케이션의 주체가 될 수 있지만, 마케팅 상황에서는 대부분이 기업이 주체가 된다. 즉, 기업이 고객과의 커뮤니케이션에서 주로 송신자의 역할을 하게 된다는 것이다. 기업이 고객과 상호작용 커뮤니케이션을 하는데 있어서 가져야 할 태도를 먼저 결정해야 한다. 그래야만 보내는 메시지를 구성하는데 방향성을 명확하게 할 수 있기 때문이다. 이러한 기업의 태도는 앞에서 설명한대로 기업의 사명이나 비전에 나타나는데, 이런 태도를 먼저 결정해두어야 한다는 것이다.

고객에게 보내는 메시지를 만들 때 기업이 고객에 대한 태도를 담아 구성하게 된다. 고객이 그 메시지에 반응하게 되면, 그 반응의 내용을 바탕으로 또다시 메시지를 만들어 보내는 것이 바로 상호작용 커뮤니케이션이 되는 것이다. 고객이 반응하는 메시지들이 상황에 따라 각각 다르므로 기업은 각각에 대한 개별적인 메시지를 전달하게 된다. 이것이 바로 CRM의 핵심인 '고객을 개인으로 본다' 는 것을 설명해 준다. 간혹 고객들이 반응을 보이지 않을 때가 있다. 이런 경우에서도 '무반응' 이라는 것 자체를 일종의 반응으로 여기고, 이전에 반응을 보여주시 않았다는 것을 상기시키면서 또 다른 메시지를 보내기도 한다. 이런 상호작용 커뮤니케이션을 통하여 기업은 고객과의 관계를 관리해 나간다.

만약 기업이 고객들에게 자신들의 상품이나 서비스만을 구입하라는 메시지를 구성해서 보냈다고 하자. 그런 메시지에는 할인이나 구입 기회 등 판촉활동에 가까운 내용이 담기기 마련이고, 고객들에 대한 태도가 반영되지 않는 것들이 대부분이다. 이런 메시지들을 접하는 고객들은 기업이 자신들에 대한 태도를 명확하게 이해하지 못한다거나, 혹은 상품을 구입해주는 사람으로 여긴다고만 생각하기 쉽다. 그렇게 되면 기업과 고객과의 관계는 아주 단순하게 물건을 파는 이와 물건을 사주는 이가 되어 버린다. 기업이 주의해야 할 부분이 바로 여기에 있다.

오늘날 기업이 고객들을 생활자로 여기거나, 혹은 자신들이 해야 할 일이 고객들의 문제를 해결해주는 것이라 여기는 태도가 바로 이런 부분을 방지하려는 것이다. 그리고 고객과의 관계설정을 위해 고객들에 대한 태도를 변화시킨 결과라 하겠다.

## 양방향 커뮤니케이션 vs. 상호작용 커뮤니케이션

앞에서 양방향 커뮤니케이션과 상호작용 커뮤니케이션의 차이는 주고 받는 메시지들의 상호연관성에 있다고 설명했다. 아래 두 남녀의 대화가 있다. 두 대화를 비교해보면서 그 차이를 확인해보자. 극단적인 예이지만 두 커뮤니케이션의 차이를 확실히 알 수 있을 것이다.

〈대화1〉

남자 : 아침식사 하셨어요?

여자 : 네.


남자 : 좋아하시는 과일은요?

여자 : 배를 제일 좋아합니다.

남자 : 주로 재테크로 사용하는 것은 무엇입니까? 저축을 많이 하시나요, 아니면 주식투자를 많이 하시나요?

여자 : 저축이요.


여자 : 최근 읽으신 책은 무엇입니까?

남자 : 고전을 읽었어요. 펄 벅의 대지.


〈대화2〉

남자 : 아침식사 하셨어요?

여자 : 네. 간단하게 과일로 먹었어요.

남자 : 어떤 과일을 드셨어요?

여자 : 사과요.

남자 : 사과를 좋아하시나요? 아님 사과 철이라서 그러신가요?

여자 : 배를 제일 좋아해요. 그러나 말씀처럼 요즘 사과철이잖아요..

남자 : 하긴, 사과철이지요. 근데, 요즘 사과값이 좀 비싸죠?

여자 : 네. 요즘 물가가 장난 아니잖아요. 생활비를 좀 줄여보려고 노력하는데…

남자 : 그러시군요. 어떤 비용을 줄이려 노력하시나요?

여자 : 아무래도 옷이나 화장품 구입을 좀 자제하게 돼요.

남자 : 저노 그래요. 그리고 경기가 안 좋다고 하니 재테크도 신중해지구요. 요즘도 재테크에도 관심 많이 두고 계신가요?

여자 : 네.

남자 : 주로 사용하는 재테크 방법은 뭔가요?

여자 : 저축을 많이 해요.

남자 : 주식은 안 하세요?

여자 : 예전에는 좀 했었는데, 최근 경기 상황을 고려하니 저축을 하는 게 낫다 싶어서….

간단한 대화 내용이지만 두 커뮤니케이션의 차이점을 알기에는 충분하다. 어느 쪽이 '양방향 커뮤니케이션'이고 어느 쪽이 '상호작용 커뮤니케이션'일까? 아래 쪽이 상호방향 커뮤니케이션이고 윗쪽이 양방향커뮤니케이션이다. 〈대화1〉을 자세히 살펴보면 아침식사와 좋아하는 과일, 재테크에 대해 정보를 교환하고 있다. 그런데 이 두 개의 정보가 서로 독립되어 있어서 대화에 연관성이 없다. 반면 〈대화2〉는 같은 주제와 순서로 대화를 나누고 있음에도 바로 직전에 나눴던 대화 내용을 바탕으로 하고 있기 때문에 대화의 연관성이 매우 깊다. 이 같은 대화가 바로 상호작용 커뮤니케이션 형식인 것이다.

---

## 접촉점, 고객관계관리의 핵심

앞에서 고객관계관리 활동의 중점은 '고객접점을 어떻게 개선해 나갈 것인가', 또 필요할 경우에는 '고객접점을 어떻게 창출해 나갈 것인가'에 있다고 밝힌 바 있다.

고객관계관리를 채택하는 많은 기업들은 더 이상 기간계 CRM이라고 부르는 영역에 대해서는 크게 비중을 두지 않는다. 오히려 운영계 CRM이라고 부르는 영역에 더 많은 관심을 두고 있다. 이는 고객관계관리를 하기 위하여 어떤 IT 기술이 필요하고 그것을 어떻게 구축해갈

| | 콜 센터 운영, 영업력 효율화에 중점 (90년대 초) | 다양한 접촉점의 효율적 활용 (90년대 말) | 고객중심 / 주도 마케팅 (2000년대) |
|---|---|---|---|
| 목적 | • 고객과의 채널 개선<br>• 고객만족의 증대 | • 고객과의 상호작용성 개선<br>• 고객유지율의 증대 | • 고객행동의 예측<br>• 브랜드와 고객생애가치의 향상 |
| 전략 | • 고객과의 상호작용을 위한 효율적 수단 탐색 | • 다양한 접촉점에서 고객 확인<br>• 고객에 대한 통찰력 발견, 활용 | • 통합된 마케팅 커뮤니케이션과 다양한 채널에 걸친 브랜드 커뮤니케이션 |
| 고객들의 경험 | • 고객은 보다 편리한 거래를 경험하나, 다양한 채널들은 아직 통합되지 못한 상황 | • 고객들은 다양한 채널들 중에서 자신이 편리한 채널을 선택하여 거래할 수 있으나, 아직도 고객의 경험은 접촉점마다 다르다. | • 고객들은 모든 채널을 통해서 통합된 경험을 하게 된다. |
| 마케팅 활동의 초점 | • 고객획득<br>• 제품판매 | • 고객유지<br>• 교차판매 | • 고객과 상호작용<br>• 브랜드 로열티 |
| 데이터 베이스와 중심조직 | • 제품관점의 판매이력<br>• 기술력 중심 기능부서 | • 고객관점의 거래, 캠페인 이력<br>• 부서 간 긴밀한 협력 | • 모든 접촉점에서 관계 DB<br>• 고객중심의 비즈니스 모델 |

CRM의 변화

것인가 보다, 고객을 이해하고 고객과 상호작용 커뮤니케이션을 통해 관계를 잘 형성하기 위해서 어떤 조직체계로 어떻게 운영할 것인가에 대해 더 많은 관심을 둔다는 말이다.

필자의 회사에서는 고객관계관리에 대해 컨설팅을 하고 있다. 회사 컨설턴트들의 의견을 모아서 지난 90년대와 현재의 2000년대와 고객관계관리의 변화에 대해서 하나의 도표로 정리한 바 있다. 위의 그림을 참고하자.

이런 결과도 결국 고객과의 관계성을 높여 나가기 위해 운영이 더욱 중요하다는 사실을 보여준다고 하겠다.

고객관계관리를 성공적으로 운영하기 위한 핵심은 결국 접촉점 관리에 있다. 이 책의 첫 장에서 고객의 정보를 받는 '접촉'에 대해 설명한 내용을 다시 상기해보자. 고객관계관리에 있어서는 고객과 접촉하는 직원들, 그리고 접촉을 뒷받침하는 기술적인 요소들의 관리가 아주 중요하다고 설명했다.

## 고객을 접촉하는 직원들의 중요성

여러 번 강조하지만 고객관계관리의 측면에서 고객들과 직접 접촉하는 직원들은 아주 중요하다. 고객의 입장에서 보면 직원들이란 그 기업의 서비스를 경험하게 되는 중요한 통로이기도 하면서, 동시에 커뮤니케이션 채널이기도 하기 때문이다. 앞서 설명한 바, 접촉점은 제품이나 서비스 영역, 프로세스와 시스템 영역, 그리고 커뮤니케이션 영역의 3가지로 구분된다고 하였다. 그런데 고객을 직접 접촉하는 직원들, 즉 대면고객 직원들이란 두 가지 영역을 동시에 포함하고 있기에 아주 중요한 역할을 하게 되는 것이다.

기업의 입장에서도 접촉점에서의 직원들은 아주 중요하다. 직원들은 고객의 정보를 받아들이는 창구이기도 하고, 동시에 고객에게 정보를 전달하는 역할을 하기도 한다. 그 중에서도 고객의 정보를 받아들이는 창구로서 더욱 중요하다. 고객에게 정보를 전달하는 활동은 비교적 관리가 쉽지만 정보를 제대로 받아들여 데이터베이스에 담는 역할은

이에 비해 관리하기 어렵기 때문이다.

고객관계관리와 관련하여 '쓰레기를 넣으면, 쓰레기가 나온다 (Garbage In, Garbage Out!)'는 격언이 있다. 이 말은 고객에 대한 잘못된 정보를 입력하고 사용하면, 결국 고객에 대해 불필요하거나 잘못된 쓰레기 같은 기획을 하게 됨을 경고하는 격언이다. 여기서 고객에 대한 정보를 입력하는 최초의 시작점이 바로 접촉점이기 때문에, 접촉점에서의 직원은 아주 중요한 것이다.

## 매장 직원

영업활동의 결과로 구매가 이루어지는 곳은 대부분 매장이다. 매장 직원들은 고객에게 제품이나 서비스에 대한 정보를 주는 접촉점으로서 역할을 할 뿐만 아니라 고객들이 구매를 결정하게 만드는 요인이 되는 접촉점이기도 하다. 또 이와 동시에 고객정보를 받아들이는 중요 역할을 하기도 한다.

## 리츠칼튼의 사례 : 청소원

보통 호텔은 고객관계관리의 수준이 높기 때문에, 예약한 고객이 어떤 방을 좋아하고 어떤 룸서비스를 선호하는지를 잘 안다. 그런데 리츠칼튼은 한 걸음 더 나아가 이런 활동을 매우 정교하게 하고 있다. 리츠칼튼의 정교한 고객관계관리는 방을 청소하는 직원들에 의해 가능하다.

고객이 호텔방에 들어가는 순간 감지되는 그 방의 청결함 등은 매우 중요한 접촉의 순간이다. 호텔에 대한 이미지나 서비스에 대한 인식이 순간적으로 잡히는 상황이기 때문이다. 따라서 청소를 하거나 침대를 정리하는 일은 호텔의 고객관리에서 매우 중요한 요소이다.

그런데 리츠칼튼 호텔의 청소원은 또 하나의 중요한 역할을 한다. 고객이 떠난 직후, 고객이 사용한 방의 상황을 기록하는 것이다. 정확히 말하자면 고객이 사용하거나 두고 간 것들이 무엇인지 살펴보는 것이다. 예를 들어 고객이 신문을 두고 갔다면 어떤 신문인지를 기록해 둔다. 해당 신문이 고객이 즐겨보는 신문일 것이라고 전제하는 것이다. 그리고 다음에 그 고객이 예약을 할 때는 해당 신문사에서 발행하는 신문을 미리 비치해둔다. 만약 고객이 수건을 여러 장 썼다면 그 고객이 다시 예약했을 때 방에 더 많은 수건을 비치해 둔다. 또 호텔이 제공하는 치약이나 샴푸를 사용하지 않고 개인이 소장한 것을 사용한 흔적이 있다면 다음 예약 시에 고객이 사용한 상표의 치약이나 샴푸를 제공한다. 이러한 활동은 청소원들이 고객이 떠난 후의 방을 관찰하고, 그것을 고객카드에 기록하여 고객관계관리부서에 제출하는 체계가 있기 때문에 가능하다.

그런데 만약 청소직원이 잘못된 정보를 입력했으면 어떻게 될까? 고객에게도 잘못된 서비스가 제공된다. 따라서 이런 활동의 성패는 청소직원이 얼마나 세심하게 관찰하고 정확하게 기록하는가에서 시작된다고 하겠다.

리츠칼튼에 서비스에 대해 고객경험관리와 고객관계관리가 접목된 모습이라고도 하고, 혹은 잘 된 고객관계관리의 사례라고 하기도 한다. 여기서 리츠칼튼의 사례를 드는 이유는 고객을 직접 대면하는 직원이 아니더라도, 이와 동일한 수준에 있는 직원들의 역할이 얼마나 중요한지를 설명하기 위해서이다.

### 콜센터 직원

콜센터의 상담원들은 모니터에 뜬 고객의 정보를 가지고 고객과 상담을 하고, 그 상담의 결과를 다시 입력하기도 한다. 이들은 직접적으로 고객을 대면하지는 않는다. 하지만 얼굴을 맞대지 않고 전화를 사용한다는 것 뿐 사실상 고객을 직접 대면하는 것과 동일한 효과를 보인다. 그러므로 콜 센터 상담원들은 고객대면 직원과 같은 수준으로 파악해야 한다.

고객관계관리에서 콜센터는 아주 중요한 접촉점이다. 이는 앞에서 설명한대로 고객을 대면하는 것과 마찬가지의 역할을 하기 때문이기도 하고, 고객의 정보를 입력하는 역할 때문이기도 하다. 이것보다 더 중요한 이유가 있는데, 바로 고객과 대화를 나눈다는 것이다. 콜센터 상담원은 매장의 직원과 마찬가지로 고객과 상호작용 커뮤니케이션을 할 수 있는 위치에 있는 것이다. 그래서 콜센터라는 명칭을 대신해서 '인터액션센터', 또는 '콘택트센터' 라고 부르기도 한다.

### 고객접촉점에서의 IT기술의 중요성

고객접촉점에서 IT기술은 겉에 드러나 있기도 하고 숨어 있기도 한다. 겉에 드러나 있다는 것은 고객들이 직접 IT기술과 관련된 것을 접촉한다는 것이며, 숨어 있다는 것은 고객들이 직접 접촉하지는 않지만 고객들의 접촉 순간에 기업이 활동을 지원한다는 의미다. 그래서 간접 접촉이라고 할 수 있다.

직접 접촉하는 예로는 온라인을 통한 홈페이지 검색, 상품 설명 페이지 검색, 혹은 게시판 검색 같은 것이 있고, 정보를 제공해주는 키오스크

(Kiosk), 예약이나 발권을 고객이 직접 할 수 있는 자동화기기, ATM (Auto Teller Machine) 등이 해당된다. 이런 기술들은 고객들이 직접 접촉하여 정보를 주고받을 수 있다. 기업 활동을 지원해주는 간접적인 접촉으로는 POS(Point Of Sales)[23]시스템, 매장에 설치된 모니터 등이 대표적이다. 좀 더 자세히 알아보자.

### 직접적으로 접촉하는 경우

고객이 IT기술을 직접 접촉하는 경우, 대부분 IT기술이 적용된 기기들을 접촉하게 된다. 이때 이런 기기들은 사용하기 편리해야 한다. 고객과의 인터페이스(Interface)가 사용자 중심으로 편리하고 친숙하게 만들어져야 한다는 것이다. 전문적인 용어를 사용하거나 기술적인 어려움 때문에 소비자나 고객이 불편을 감수해야 한다면 결국에는 외면당하기 쉽다. 반면 이러한 기기들이 사용자 중심으로 편리하게 만들어져 있는 경우에는 긍정적인 접촉을 하여 고객만족도가 높아진다. 사용자들이 늘어나기 시작하는 경우 기업의 입장에서는 운영비용이 절감되는 효과도 생긴다.

항공사 이용 과정을 생각해보자. 우리나라 항공사는 아직도 체크인 수속을 위해 줄을 서고 기다려서 직원과 상담을 하는 경우가 대부분이다. 그러나 미국과 캐나다, 일본 혹은 유럽의 국가들 중 일부 항공사는 고객이 직접 체크인을 하는 단말기가 따로 있다. 언어별로 서비스를 제공하는 경우도 있어서 한국어서비스를 하는 장치가 따로 있기도 하다. 이는 항공사 입장에서는 신속한 체크인 서비스를 제공하는 것이기도 하지만, 숨겨진 또 다른 목적은 인건비의 절감이다.

## 간접적으로 접촉하는 경우

이 경우는 고객이 직접 IT기술이 탑재된 기기를 만나는 것이 아니라, IT기술이 접촉점을 지원하는 것이다. 우리나라는 IT기술이 발달되어 있기 때문에 고객관계관리의 접촉점에서 활용되는 IT기술도 발달되어 있다. 그것도 세계 어디에서나 흔하게 볼 수 있는 수준이 아니라 정상의 수준이라고 보면 된다.

그런데 아무리 기술 수준이 세계정상이라 하더라도 고객의 입장에서 편안하지 않고 만족스럽지 않다면 무슨 소용이 있을까? 구슬이 서 말이라도 꿰어야 보배라는 말이 있다. 사용하는 기술이 아무리 다양하고 좋다고 하더라도 소비자나 고객의 입장에서 편리한 접촉점을 만들어주지 못하거나, 혹은 접촉상황에서 고객을 제대로 지원하지 못하면 아무런 소용이 없다는 뜻이다.

POS 시스템을 예로 들어보자. 기업에서 고객접점을 지원해주는 대표적인 시스템이다. 이는 판매자인 기업의 입장에서 말하는 것인데 단어의 뜻 자체도 판매시점(Point of Sales)이라는 뜻이다. 여기서 잠깐 개념정리를 하고 넘어가자. 판매시점은 고객의 입장에서 보면 구매시점이 된다. 곧 POP(Point of Purchase)가 되는 것인데, 바라보는 입장이 서로 달라 다르게 표현될 뿐 POP나 POS는 동일한 개념이다.

여하튼 POS는 용어 자체의 의미도 그렇지만, 판매자인 기업의 입장에서 판매데이터를 수집하려고 발전된 기술이다. 그러다 보니 고객에

---

23. 판매자인 기업의 관점에서 사용하는 말이다. POP(Point Of Purchase)는 같은 것을 소비자나 고객의 관점에서 사용하는 말이다. 즉, 구매가 일어나는 시점과 판매가 일어나는 시점이란 동일한 순간이지만 그 순간을 판매냐 혹은 구매냐 하는 관점에서 보는 차이일 뿐이다.

대한 정보를 활용하는 것과는 거리가 멀다. 특히, 매장에서 고객을 응대하기 위해 필요한 고객정보를 POS시스템들은 제공해주지 못하고 있다.

이름이나 생일, 가지고 있는 누적 마일리지나 포인트 등을 체크하도록 정교하게 설계된 경우에는 우수고객인지 일반고객인지 나름대로 고객을 분류하는 기준을 분명히 가지고 있을 것이다. 그럼에도 불구하고 실제로는 매장의 모니터에 고객의 정보를 보내주지 못하는 경우가 많은 것이다.

만약 교육을 잘 받은 매장에서 고객을 응대하는 직원들에게 자신이 대면하고 있는 해당고객이 우수고객인지 아닌지, 마일리지가 많이 누적된 고객인지 아닌지, 지난번에는 어떤 제품을 구입했는지 등의 정보가 제공된다면 해당고객에게 최적의 경험을 제공해줄 수 있을 것이다.

## 임상옥의 녹심첩(錄心帖)

최인호의 소설 '상도' 을 읽어보면 임상옥의 녹심첩에 대한 이야기가 나온다.

"임상옥은 녹심첩을 잘 정리하고 있었는데 이는 자신의 상점을 드나드는 단골손님들의 명부였다. 이 명부 속에는 단골손님의 가계가 족보처럼 적혀 있고 외가, 처가의 가계까지 적혀 있었는데, 따라서 임상옥은 이들의 경조사를 절대 잊는 법이 없었다"

이를 현대적으로 해석하면 곧 고객관계관리를 잘하고 있었다는 의미다. 단골손님을 마케팅적인 용어로 표현하면 '로열티가 높은 고객', 혹은 '로열고객', 우수고객

등이 된다. 임상옥의 녹심첩에 이들의 가계가 족보처럼 적혀있고, 외가와 처가의 가계까지 적혀 있었다는 말은 곧 임상옥이 고객에 대한 데이터베이스를 확보하고 있었다는 뜻이다. 또 경조사를 절대 잊는 법이 없었다는 것은 고객들과의 관계관리를 위한 활동을 지속적으로 했다는 것이다.

여기서 주목할 것은 녹심첩의 '첩'이다. 당시에는 수첩을 만들어 직접 기록하는 방법밖에 없었을 테지만, 오늘날의 기술로 해석하면 데이터베이스를 기록해둔 보관 창고라고 볼 수 있다. 임상옥도 고객의 데이터베이스를 수록·보관했던것이다.

오늘날 고객관계관리를 하는 기업들을 보면 IT기술을 매우 중요하게 생각한다. 물론 중요하지 않다는 것은 아니지만 이런 생각을 해 볼 필요가 있다. IT '기술'이 더 중요한 것일까? 아니면 실제 고객과의 관계관리를 위한 활동이 더욱 중요한 것일까? 녹심첩을 활용했던 임상옥의 모습을 머릿속에 그려보자.

IT 기술은 부족하더라도, 매장 지원 시스템이 없다고 할지라도 고객관계관리가 불가능한 것은 아니지 않는가? 꼭 IT 기술을 이용하지 않더라도 매장의 관리인이 고객 명단을 수첩에 만들어두고, 경조사를 잊는 법이 없었던 임상옥처럼 고객을 관리할 수 있지 않을까?

## 성공적인 고객관계관리를 위하여

이 장의 맨 앞에서 "고객관계관리의 가장 큰 특성은 고객을 집단이 아니라 개인으로 인식한다는 점에 있다. 따라서 고객관계관리 활동의 요체는 고객접점을 어떻게 개선해 나갈 것이며 또한 필요한 경우에는 고객접점을 어떻게 창출해 나갈 것인가에 있다"고 설명한 것을 다시 한 번 생각해보자.

고객과의 접촉점은 매우 다양하지만, 그 모든 것들이 다 중요한 것이 아니다. 고객군마다 정말 중요한 접촉점들을 확인하고, 그것을 통해 상호작용 커뮤니케이션을 하는 것이 고객관계관리의 핵심이다. 고객들은 필요와 욕구에 따라서 기호가 변하고 생활양식이 변하기 마련인데, 그에 따라서 고객에게 중요한 접촉점들도 변하기 마련이다. 그래서 필요한 고객접촉점을 새로이 만들어가거나 개선할 필요가 있다. 이를 통해 커뮤니케이션하는 것도 중요하다.

성공적인 고객관계관리를 위해서는 많은 방안들이 있을 것이다. 하지만 가장 중요한 하나만 꼽으라면 역시 '고객과의 접점을 제대로 관리하라' 는 것이다.

## IMC 와 Multi-Channels communication

고객관계관리에서 말하는 다채널 커뮤니케이션(Multi-Channels communication)이란 과연 무엇일까? 쉽게 말하자면 통합된 마케팅 커뮤니케이션(IMC)과 동일하다고 보면 된다. 접촉점을 커뮤니케이션의 경로로 보고, 다양한 커뮤니케이션 채널을 통하여 브랜드약속이나 브랜드가치와 관련된 메시지를 보내는 활동을 하는 것이 동일하다는 것이다.

그동안 IMC를 주로 주장해온 업종이 종합광고 대행사들이다. ATL과 BTL 통합하여 커뮤니케이션하는 것이 IMC라고 설명하기도 했고, 그래서 IMC하면 광고와 관련된 메시지를 보내는 커뮤니케이션만을 생각하기 쉽다. 그러나 오늘날의 개념과

정의는 그렇지 않다. IMC는 고객관계관리를 하는 기업에서 생각하는 바대로 고객과의 다양한 접촉점을 통해 커뮤니케이션을 하는 '다채널 커뮤니케이션'과 동일한 개념이다. 즉 'CRM에서 하는 커뮤니케이션이 바로 IMC' 라고 해도 틀리지 않다는 의미다.

# Chapter 05

# 고객경험이 발생하는 접촉점

고객관계관리(CRM)와 고객경험관리(CEM)는 용어로서도 한 글자 차이다. CRM의 관점에서는 '관계'를 관리하고, CEM에서는 '경험'을 관리한다는 얘기다. 반면 중요한 공통점이 있는데 바로 접촉점을 관리한다는 것이다. 접촉점을 관계가 만들어지는 경로로 보는 것이 CRM이라면, 경험이 발생하는 경로로 보는 것이 CEM이다.

고객경험관리는 CRM을 대체하거나 혹은 발전된 개념으로 이해하기도 하는데, 고객경험관리를 잘하기 위해서는 접촉점을 경험의 발생점이라고 본다는 관점을 먼저 이해해야 한다. 그러면 경험관리와 관련하여 파생되는 새로운 개념들에 대해서도 이해가 쉬워진다.

이 장에서는 고객관계관리와 고개경험관리의 차이를 설명하고, 아울러 고객경험관리를 위한 방안 및 파생되는 개념들을 설명한다.

# 고객관계관리와 고객경험관리의 차이

CEM이란 말을 처음 접하는 사람들의 반응은 'CRM하고 한 글자 차이네?' 라는 것이다. 실제로 원문으로 보아도 한 단어 차이다. CEM은 Customer Experience Management의 줄임말이고 CRM은 Customer Relationship Management의 줄임말이기에, Experience를 관리하는 것과 Relationship을 관리하는 한 단어 차이인 것이다. 그러나, CRM과 CEM의 차이는 그리 간단하지 않다. 우선 CEM은 CRM이 해결할 수 없는 문제들을 해결하는 방안으로서, 또한 CRM의 발전 방향으로서 등장했기 때문에 이 둘은 비슷하면서도 다르다. '경험' 과 '관계' 가 다른 것과 같은 맥락이다.

그러므로 CRM의 문제들을 살펴보고, 관계와 경험의 차이를 살펴보는 것이 CEM을 이해하는 올바른 순서일 것이다. 우선 CRM이 가지고 있는 문제들을 먼저 살펴보기로 한다.

## CRM의 문제

CRM에 대한 부정적인 의견이 등장한 것은 2002년 뉴저지의 아틀란타에서 열린 NCDM[24]에서부터이다. 당시의 자료에 의하면 CRM을 채택한 미국기업의 72%가 CRM이 잘 안된다는 의견을 냈다고 한다.

우리나라의 기업들의 CRM 실행 결과에 대해서는 아직 제대로 조사된 바가 없다. KDMA[25]나 매달 열리는 세미나에서 보면 CRM을 보다잘 하기 위한 노력을 여전히 하고 있음을 확인할 수 있다. 그런데 우리나라의 많은 기업들 역시 CRM을 채택하던 2002년도부터 생각처럼 잘 되지 않는다는 의견을 나왔을 것으로 판단한다.

인간은 어려운 장애가 닥칠 때마다 이를 개선하기 위해 지혜를 발휘하는 존재다. CRM에 있어서도 단순히 잘 안 된다는 의견에서 벗어나 '그래도 고객(Customer)은 중요하다, 고로 지금까지 해온 CRM을 좀더 개선해보자'는 의견이 2003년 캘리포니아의 롱비치 회의에서부터 나오기 시작하였다. Touchpoint Mapping[26]이라는 개념도 등장하였고, Interaction Hub[27]를 만들자는 의견도 나왔다. 그런 즈음, 약 2004년도부터 CEM이라는 개념도 등장하게 된 것이다. 도대체 CRM에 어떤 문제가 있어서 이러한 반성과 새로운 대안들이 계속해서 등장하게 된 것일까?

첫째, CRM이 '기간계 CRM'이라고 불리는 IT와 시스템 부분에 지나치게 집중되었기 때문이다. CRM은 고객과 관계를 관리하는 수단(Tool)에 불과하다. 그런데 기업들은 마치 이 수단을 갖게 되면 마법의 열쇠를 얻은 것처럼 고객들의 주머니를 다 열 수 있을 거라는 지나친 기대와 착각을 하고 있었다.

둘째, 운영계 CRM이라고 불리는 영역인 CRM을 활용하는 프로세스와

---

24. National Conference For Direct Marketing, 미국에서 매년 열리는 CRM 관련 회의

25. Korea Direct Marketing Association, 우리나라 기업들 중에서 CRM을 채택한 기업의 CRM관련 종사자나 CRM의 전략 컨설팅 종사자들의 모임. 매달 CRM의 성공사례와 실패사례, 경향 등에 대한 세미나를 가진다.

26. 고객들이 브랜드를 만나는 Touchpoint를 구매의사결정 과정이나 상품사용 과정에 연결하여 개선점을 찾아 개선하자는 내용인데, 구매나 사용과정에 따라 Touchpoint를 그리게 되면 마치 길을 따라가는 지도형식의 그림이 그려진 데에서 나온 말

27. 정보가 모인 곳이라는 의미의 Hub, 고객에 대한 정보가 가장 많이 모이는 Call Center를 정보의 Hub로서, 그리고 고객에게 제대로 된 정보를 보내는 창구로서 활용하자는 개념

조직과 그 운영 방법에 있어서 지나치게 IT중심적이거나 매출 중심적이었다는 얘기다. 고객은 인간이다. 열 길 물속은 알아도 한 길 사람 속은 모른다고 한다. 마케팅의 중심은 고객이므로 고객 중심적인 사고를 가지고 운영조직을 구성하고 CRM을 운영해야 한다. 그런데 지금까지는 기업 중심적으로 특히 프로세스를 뒷받침하는 IT기술 중심적으로 운영해 왔다. 그리고 고객과의 관계를 만들어 가는 데에 있어서도 판매 중심의 제안(Offer)만 제공해왔던 것이다. 그래서 고객들은 더 이상 판매제안에 반응하지 않게 되었다. 이런 연유로 수억 또는 수십억을 들여 구축한 CRM시스템이 고객들에게 좋은 반응을 얻지도 못하고, 매출을 일으키는데 큰 도움이 되지 않는 게 아닌지 의심을 받게 된 것이다.

세 번째, Relationship에 대한 문제이다. '관계'라고 번역되는 이 말의 모호성은 앞장에서도 설명한 바 있다. 지금까지는 기업이 소비자나 고객에 대한 태도를 우선적으로, 또 고객과의 관계를 명확하게 설정하기보다는 소비자나 고객들을 수익의 원천으로만 보았다는데 문제가 있다. 이는 고객과의 거래인 'Transaction'에 초점을 두는 태도이다. 그래서 고객을 이해하는 것도 구매이력을 바탕으로 한다. 구매이력에 나타난 구매시점, 기간, 금액, 횟수 등으로 고객과의 관계수준을 규정하고 고객을 이해하는 것이다.

그런데 이런 이유만으로는 고객을 이해하는 데 한계가 있다. 구매가 일어난 고객의 구매행동, 즉 겉으로 보이는 현상만을 가지고 고객을 이해하려는 것이기 때문이다. 그러면 구매 이전의 감정적인 면들은 파악하기 힘들다. 또 거래와 관련되지 않은 제안을 제공했을 때 어떤 반응이 있었는지도 알 수 없다. 반응이 있었더라도 감성적인 부분을 잡아내지 못했을 것이고, 반응이 없었을 경우에도 기록으로 남겨 놓지 않았으므로 '왜 반응하지 않았는가'에 대한 이유를 찾아낼 수 없다. 더불어 혹시 고객들에게 잘못된 정보를 주지는 않았는지, 집행이 빈약하지는 않았는지, 혹은 고객들에 대한 전제나 가정이 빈약하지는 않았는지도 알기 어렵다. 무엇보다 이런 실패가 고객들과의 관계에 어떤 영향을 끼치는지 알기 어려운 것이다. CRM이 잘 안된다는 의견은 이런 원인에 의해 발생했던 것이다.

다행히 최근에는 보다 많은 기업들이 이런 문제에서 벗어나려는 노력을 기울이고 있다. 또 CRM을 활용하는데 마케팅 부분과 함께 고객을 이해하는데 중점을 두고 있다.

### 특히, 거래 중심 데이터의 문제

위에서 언급한 네 가지 문제들 중에서 가장 큰 문제는 바로 세 번째인 Relationship에 대한 이해 부족이다. 만약 CRM 시스템이 없다 하더라도 고객과의 관계를 만들어낼 수 있고, 초보적인 데이터베이스 관리 방법으로도 고객관리가 가능하다. 그런데 많은 기업에서 잘 짜여진 CRM시스템이 있어야만 한나는 생각 때문에 비용을 많이 들여 CRM시스템을 실행하면서도 정작 가장 중요한 '고객과의 관계 설정'에 대한 노력이 부족했다.

CRM을 하는 많은 기업들이 고객과의 관계를 수익 중심으로 생각한다. 고객들이 수익의 원천인 것은 사실이지만, 수익에만 초점을 맞추다 보니 고객에게 전달하는 커뮤니케이션 메시지의 대부분은 세일즈 오퍼와 관련된 것들이 많았다. 세일즈 오퍼와 관련된 메시지를 보냈다

하더라도 후속 조치가 없이 일방향의 커뮤니케이션으로만 끝내버렸기 때문에 고객과의 관계형성이 되지 않는 잘못을 지속적으로 범해왔다. 그 결과로 많은 고객들이 CRM을 통해서 받는 대부분의 메시지에 대해 '또 세일즈 메시지구나', '별로 도움이 되는 정보가 아니네', '쓸데없는 정보네'와 같은 반응을 보인다. 기업의 메시지를 식상해 하는 것이다. 물론 CRM팀이 매출에 기여해야 하는 것은 너무나 당연해서 부정할 수 없다. 그러나 CRM을 통해 고객과 상호작용 커뮤니케이션을 하려면 세일즈 메시지만 보내는 것은 어리석은 짓이다. 고객과 관계를 만들기 위해서는 브랜드약속과 관련된 메시지들을 더 자주 보내주어야 한다. 그런데 많은 기업에서 매출을 일으키기 위한 세일즈 오퍼나 할인판매 등과 같은 메시지들을 중심으로 더 자주 보내고 있다. 매출을 높이라는 경영진의 압박 때문에 불가피하게 그런 메시지들을 더 자주 보내는 경우도 있다.

이런 식으로 CRM을 해온 결과 , 많은 고객들이 기업으로부터 받는 메시지에 대해서 신통하게 반응하지 않는다. 벌써 이런 식으로 CRM을 채택하고 운영해온지 보통 3~4년 정도 되었다. 그래서 고객들은 그동안 받아온 세일즈 오퍼 중심의 메시지들에 의해 학습되어 있다. 그래서 기업이 보내는 메시지들에 대해 잘 반응하지 않거나 무시해버린다. 결과적으로 매출에 기여하지 않는다. 이것이 커다란 문제다. 현재 고객들에게는 CRM이 잘 먹히지 않는다는 딜레마에 빠지게 되는 것이다. 이 같은 문제점을 해결하기 위해 보다 현실적인 대안을 고려한 것이 바로 CEM이다. CEM에 대해서는 뒤에서 더 자세히 설명하겠다.

## 거래 데이터에 잡히지 않는 고객들에 대한 문제

CRM은 기본적으로 고객을 하나의 개인으로 인식한다. 따라서 개인들에 대한 정보를 데이터베이스에 담아 보관하고, 분석하고, 분류해서 마케팅 활동에 활용하게 된다.

이렇게 고객들의 정보를 수집하는 경우에는 고객으로부터 허가(Permission)을 받아야 한다. 그런데 고객들이 정보를 받아들이는 대부분의 경우는 구매와 관련되어 있는 탐색, 주문, 사용 후 애프터서비스 등을 통해서 이루어진다. 때로는 이벤트를 벌여서 참여하는 고객들의 정보를 데이터베이스로 확보하기도 한다.

그런데 이런 활동들이 문제가 되는 이유는 이러한 고객들의 수가 사실상 전체 소비자나 실제 고객 수보다 적다는 것이다. 예를 들어, 실제 고객 수는 1천만 명이지만 데이터베이스에 수록된 고객은 그것의 10% 정도밖에 안 되는 백만 명이라는 것이다. 일반적으로 데이터베이스에 수록되지 않은 고객의 수가 훨씬 더 많다.

물론 우리나라의 경우 인터넷과 같이 발전된 IT기술로 인해서 고객들의 정보를 어렵지 않게 데이터베이스로 수록할 수 있고, 실제로 그렇게 하는 회사도 많다. 또 수록된 데이터베이스의 양도 많은 편이다. 그렇더라도 전체 고객의 데이터베이스를 가지고 있기는 어렵다. 그런 회사는 거의 없다.

통신회사나 은행의 경우는 비교적 데이터베이스를 확보한 고객수가 많은 편이다. 하지만 만약 고객이 이탈한다거나 이쪽의 고객이면서 동시에 경쟁사의 로열고객일 경우를 생각해보자. 고객들의 데이터베이스는 가지고 있다고 해도 그 고객은 활성화(Active)되지 않은 고객일 수 있고, 심지어 자사 상품의 구매와 관련 없는 고객일 수도 있다. 그래서 활성화되어 있으면서 자사 상품의 구매와 관련있는 고객을 늘리려는 노력을 기울이기 마련이다. 이러한 측면에서 보면 CRM에서도 신규고 객을 획득하거나 잠재고객을 개발하는 일이 얼마나 어려운지, 그리고 얼마나 중요한지 알 수 있다.

만약 데이터베이스에 수록된 고객들만을 대상으로 마케팅 활동을 한 다고 하자. 그렇게 되면 데이터베이스 마케팅과 다를 바가 없다. 이 부분 에서 CRM 활동이 데이터베이스 마케팅과 혼용되어 이해되는 것이다. 그러나 실제로 기업이 가지고 있는 고객데이터베이스는 고객들 전체의 데이터베이스가 아니다. 또 그렇게 할 수도 없다. 데이터베이스로 잡히 지 않은 고객들을 대상으로도 기업 활동이나 마케팅 활동이 있어야 한 다는 말이다. 그러므로 오늘날 기업은 데이터베이스로 확인되는 고객 들과 그렇지 않은 고객들 모두를 대상으로 기업 활동이나 마케팅 활동 을 병행해야 한다는 말이다.

이런 맥락을 연장하여 생각해보자. 사람들은 일상 생활 속에서 여러 회사의 제품이나 서비스를 접하고 인지하거나 탐색한다. 또 경험하기 도 한다. 여기서 말하는 사람들이란 자사고객일 수도, 경쟁사 고객일 수도 있다. 또 자사고객이라도 데이터베이스에 기록되어 인식되는 고 객일 수도 있고 아직 데이터베이스에 잡히지 않아 인식할 수 없는 고객 인 경우도 있을 것이다. 또 인식된 고객일지라도 단골고객이 아니라 잠 재고객, 심지어 이탈된 고객일 수도 있다.

중요한 것은 이런 고객들 중에서 자사의 이익에 도움을 줄 가능성이 있는 고객들을 찾아내 자사의 고객으로 전환시키는 것이다. 여기에 고객경험관리의 기본 개념이 등장한다. 데이터베이스로 인지되는 고객이든 잡히지 않는 고객이든 간에 자사 상품이나 서비스에 대해서 긍정적인 경험을 하게 된다면 결국 자사의 이익에 도움이 된다. 미인지 고객들을 인지고객으로 확보하는 것이 데이터베이스를 수록하기 쉬워지며 이미 인지된 고객들에게는 만족도를 더 많이 높여줄 수 있다.

그래서 고객경험관리는 미인지 고객들을 대상으로 하기도 하고, 인지된 고객들 대상으로 하기도 한다. 인지고객들을 대상으로 하는 것이 보다 정교한 고객경험관리인데, 그 방법을 실현하는 데에 있어서 CRM의 기술이나 솔루션을 활용한다. 즉, 개인화되고 차별적인 경험을 제공하는 것이다. 바로 여기에서 CRM의 연장이나 확장 혹은 발전된 개념이 CEM이라는 의미가 성립하게 되는 것이다. 다음의 설명은 미인지 고객들을 대상으로 하는 고객경험관리과 인지고객들을 대상으로 하는 고객경험관리의 예이다.

## 일본의 여관과 리츠칼튼 호텔

일본의 여관은 일본 문화를 내표하는 것으로, 지역색이 강하다고 알려져 있다. 대부분 가족들이 중심이 되어 운영을 한다. 남편과 아내, 혹은 아버지와 어머니, 그리고 아들과 딸이 힘께 예약도 받고, 음식을 민들고, 청소도 하고, 손님 응대도 한다.

계절에 맞춰 그 지역에서만 볼 수 있는 재료를 이용하여 정성들여 만든 가정식을 장만하고, 단풍이 드는 가을철에는 단풍잎을 다다미 방 위에 뿌려두기도 한다. 대부분의 주인들은 '서비스란 정성을 다하는 진심' 이라거나, '서비스란 손님이 자연스럽고 마음 편하게 지낼 수 있도록, 내 집에 온 것처럼 느끼게 해주는 것' 이라는 생각을 갖고 있다.

그래서 일본의 여관들에는 각각의 여관마다 주인의 노력이 담긴 각양각색의 특색이 있다. 그 여관만이 제공해주는 아주 특별한 경험이 있다. 그래서 숙박비가 비싼 편임에도 불구하고 많은 고객들이 찾는다.

이 같은 여관에서의 경험은 한 명의 고객에게만 해당되는 개인화된 서비스는 아니다. 여관을 찾는 사람이라면 누구나 동일한 경험을 하게 된다. 주인들도 손님들을 개별적으로 응대하는 것이 아니라 손님이라면 누구나 다 정성스럽게 대접해야 한다고 생각한다. 손님 개개인의 취향에 맞추어 대접하려고 하지는 않는 것이다. 그러나 기본적으로 모든 손님들이 자신의 여관에서 좋은 경험을 하고 가기를 바라는 마음을 가지고 있다. 때문에 손님의 입장에서는 자신이 특별한 방법으로 서비스를 받는 듯한 기분을 느낄 수 있다. 이러한 일본 여관의 활동이 바로 '경험관리' 라고 할 수 있다. 다만 이 경우는 데이터베이스에 잡히지 않는 고객들, 즉 미인지 고객들을 대상으로 하는 경험관리이다.

반면 리츠칼튼 호텔은 거래 데이터에 잡히는 고객, 즉 인지 고객에게 개인화된 경험을 제공한다. 고객코디네이터가 중심이 되어 투숙 고객들의 정보를 관리하는데, 고객들로부터 정보를 얻고 그 정보를 활용하여 고객들에게 개인화된 경험을 제공하는 것이다. 그래서 모든 직원들은 고개취향 수첩을 가지고 다닌다. 그들은 투숙고객들을 관찰하면서 고객이 즐겨보는 신문이나 즐겨 쓰는 화장품이 무엇인지, 딱딱한 침대를 좋아하는지, 푹신한 침대를 좋아하는지 등등의 정보를 확보한다.

고객코디네이터의 직함을 가진 직원은 그런 정보를 CRM 솔루션에 입력하여 활용하는데, 전 세계 70여개 호텔지점과 공유한다. 일단 리츠칼튼 호텔을 한 번이라도 이용한 고객이라면 그 고객에 대한 정보는 전 세계 리츠칼튼 체인점 혹은 지점에 공유되는 것이다. 그래서 전 세계 어느 지점에 가더라도 그 고객은 개별화된 맞춤형 서비스를 받을 수 있는 것이다. 이는 곧 고객에게 긍정적인 경험으로 다가간다. 리츠 칼튼 호텔의 이러한 활동은 '인지된 고객에 대한 경험관리' 이다. 즉, 거래데이터에 잡히는 고객들에 대한 경험관리인 것이다.

리츠칼튼의 경험관리의 경우 이것이 CRM인가, 아니면 CEM인가 하는 의문을 가질 수도 있다. 하지만 오늘날 마케팅의 많은 활동들이 통합되는 것을 보면 이러한 경계가 모호하다는 생각이 든다. 사실 이러한 구분이 중요할까? 실질적인 마케팅에 있어서 이러한 개념의 경계를 긋는 것은 별 의미가 없어 보인다. 리츠칼튼의 경우, 고객에게 개인적인 맞춤형 서비스를 제공할 때 그 정보를 관리하는 데 있어 CRM 솔루션을 활용한다. 그래서 CRM 측면에서는 '고객관계관리' 라고 말하기도 하지만 개인화된 경험을 제공한다는 측면에서 보면 '인지된 고객을 대상으로 하는 고객경험관리(CEM)' 가 되기도 하는 것이다.

## CRM과 CEM의 구분

여기서 고객관계관리(CRM)와 고객경험관리(CEM)를 구분해보자. 한 글자 차이인 두 개념을 비교하자면 다음과 같은 결론을 내릴 수 있다. 고객들을 개인으로 인식하여 데이터베이스에 수록하고, 고객들과의 접점을 관리하고 개신하는 것이 CRM이다. 빈면 고객들을 개인 혹온 집단으로 인식하고, 데이터베이스 수록에 상관없이 고객들과의 접점을 관리하고 개선하는 것이 CEM이다.

## 경험의 개념과 정의

그렇다면 마케팅에서의 '경험'이란 구체적으로 무엇을 의미하는 것일까? 경험의 사전적인 의미는 '감각을 통해서 얻은 사물에 대한 지각'이다. 기업과 소비자 사이의 관점에서 보면 경험이란 기업의 활동을 소비자나 고객들이 보고, 듣고, 또는 몸소 겪으면서 그 기업의 제품이나 서비스가 어떠하다고 느끼거나 생각하는 것이다.

이것을 좀 더 구체화시켜 보면 두 가지로 나눌 수 있는데, 소비자가 '보고, 듣고, 몸소 겪어보는 부분'과 '제품이나 서비스가 어떠하다고 느끼거나 생각하는 부분'이다.

이렇게 두 가지로 나누어 보는 이유는 고객경험의 향후 관리를 위해 기업이 어떤 업무를 해야 할지를 구체적으로 정의해보기 위한 것이다. 실제로 고객경험관리(CEM : Customer Experience Management)에 관련하여 처음 책을 쓴 콜린 쇼(Callin Shaw)와 존 아이븐(John Iven)의 정의에 따르면[28], 위의 두 부분을 다음과 같이 설명되고 있다. "기업이 고객에게 제공해주는 물리적인 실행력(Physical performance)과 그것을 통해 겪으면서 발생하는 감정(Evoked Emotions)의 혼합이 바로 고객경험이다"

그리고 이들은 이러한 고객들의 경험을 기업의 입장에서 관리할 수 있다고 여기는데, 바로 이것이 고객경험관리의 기본적인 개념이 된다. 그렇다면 '물리적 실행력'과 '발생하는 감정'이란 무엇일까? 지금부터 알아보자.

## 물리적인 실행력

물리적인 실행력이란 소비자나 고객들이 기업의 활동을 경험해볼 수 있도록 만들어둔 장치, 그리고 그 장치들이 잘 돌아가는지 안 돌아가는지를 설명하는 말이다. 어떤 기업의 홈페이지가 있다고 하자. 홈페이지 주소가 기업 이름으로 되어 있으면 찾기 쉽다. 그러나 약자로 되어 있거나 소비자나 고객들이 기존에 알고 있는 기업명과는 다른 명칭으로 설정되어 있다면 일단 찾기가 어렵다. 홈페이지 주소를 찾는 과정에서 고객들에게 좋은 경험을 주지 못하는 것이다. 이런 경우 그 기업 홈페이지 주소의 물리적인 실행력은 그리 좋은 것이라고 보기 어렵다.

이뿐 아니다. 홈페이지의 초기화면에 고객들이 필요로 하는 정보가 잘 구성되어 있거나 잘 찾아볼 수 있도록 안내되어 있다면 고객들은 편안한 경험을 하게 된다. 반대로 어디에 무슨 정보가 있는지 찾기 어렵게 디렉토리가 구성되어 있다면 불편한 경험을 하게 될 것이다. 또 고객들이 궁금한 점을 물어볼 수 있는 장치가 있느냐 아니냐에 따라 긍정적 경험을 할 수도, 부정적 경험을 할 수도 있다.

이번에는 고객센터를 생각해 보자. 고객경험관리에 있어 고객센터는 매우 중요한 기능을 한다. 고객이 전화, 팩시밀리, 이메일 등 다양한 방법으로 고객센터에 문의힐 수 있다면 이는 소비자나 고객에게 편안한 경험을 선사한다. 하지만 어느 한 가지 방법밖에 없다면 소비자나 고객은 불편한 경험을 하게 된다.

---

28. Callin Shaw, John Iven, Buinding Greate Customer Experience, Palgrave Macmillan, 2002

이런 것처럼 물리적인 실행력이란 기업이 고객들에게 기업의 활동을 겪어볼 수 있도록 만들어둔 내용이다. 실제로는 이런 모든 것들이 접촉점이다. 그러므로 물리적인 실행력이 좋은가 아닌가 하는 문제는 결국 고객과의 접촉점들이 고객들에게 긍정적인가 아닌가와 동일하다고 보면 된다.

## 발생한 감정

소비자나 고객들이 기업의 물리적인 실행력을 겪게 되는 경로는 대부분 기업이 마련한 것들이다. 즉 고객들은 다양한 접촉점에서 기업의 정보나 서비스 제품들을 접하게 된다. 그런데 이때, 좋은 감정이든 좋지 않은 감정이든 고객들의 '감정'이 발생하게 된다.

앞서서 말한 홈페이지의 예를 들어보자. 고객이 홈페이지를 찾기도 쉽고, 홈페이지의 디렉토리도 잘 구성되어 있어서 원하는 정보를 쉽게 찾을 수 있다고 하자. 이는 곧 물리적인 실행력이 좋다는 것인데 고객의 입장에서 물리적 실행력이 좋을 경우에는 좋은 감정이, 그렇지 않은 경우에는 좋지 않은 감정이 생긴다.

만약 마우스로 클릭을 하는 순간 순간에 각 페이지가 빠르게 넘어가면 좋은 감정을 느끼지만 느리게 넘어가거나 짜증이 날 만큼 오래 걸린다면 불편해지기 시작한다. 또한 정보를 설명하는 단어들이 너무 전문적이거나 난해해서 이해하기 어렵다면 좋은 감정이 생기기 힘들다. 바로 이런 것들이 고객들이 물리적인 실행력을 접하는 순간 생기는 감정들이다.

고객센터의 경우도 생각해보자. 전화번호가 외우기 쉬워서 쉽게 걸었다고 하자. 여기까지는 좋다. 신호가 세 번쯤 울릴 때까지도 괜찮다. 그런데 아홉 번, 열 번을 울려도 받지 않는다면 짜증이 나기 시작한다. 또 고객은 용건이 급한데 자동응답기가 연결되어 일일이 번호를 누르라고 하는 경우도 불편함을 안겨준다. 상담원이 전화를 받았을 때도 친절하게 대답해주면 고객에게 좋은 감정이 생긴다. 하지만 불친절하거나 고객의 질문을 잘 이해하지 못하거나 엉뚱한 대답이나 상담을 늘어놓으면 짜증이 날 수밖에 없다. 이런 것들이 모두 고객경험의 일부라는 것이다. 따라서 고객경험을 도식으로 정리해 보면 다음과 같다.

고객의 경험 = 물리적 실행력 + 발생한 감정

or

= 다양한 접촉점 + 접촉점에서 발생한 감정


## 경험의 종류

이러한 경험도 종류에 따라 구분할 수 있는데, 크게 능동적 경험과 수동적 경험외 두 가지로 나누어 볼 수 있다. 능동적 경험이란 고객이나 소비자가 기업에게 스스로 다가오면서 발생하는 경험을 말한다. 정보를 구하기 위해 콜센터에 전화를 한다거나, 온라인을 통해 홈페이지에서 제품이나 서비스를 검색한다거나, 매장에 나가서 제품이나 서비스를 확인하는 과정에서 경험하는 것들이다.

이 같은 능동적 경험은 아주 중요한데, 이렇게 다가오는 소비자나 고객은 어떤 필요와 욕구를 이미 가지고 있기 때문이다. 필요와 욕구를 가진 소비자나 고객들은 이미 지갑을 열 최소한의 준비가 되어 있다고 보아도 좋다. 더 확대하자면 '자기관여도(Self involve-ment)'가 높다고도 볼 수 있다.

따라서 능동적 경험을 하는 고객들이 만족을 느끼게 되면 기업에 매우 긍정적이 된다. 반면 불편한 경험을 하게 되면 부정성이 증폭되어 매우 부정적으로 변하는 경향이 있다. 능동적인 경험을 하는 소비자나 고객은 자신의 경험을 다른 사람에게 전파하려는 경향이 강하다고 보아도 무리가 없다. 이는 앞에서 설명했던 다른 사람에게 추천을 할 수 있다는 '순수추천지수'와도 관련이 있고, 로열티와 연관된다.

수동적인 경험이란 기업이 마련한 제도나 서비스 과정, 또는 접촉점들을 고객이나 소비자가 수동적으로 겪는 것을 말한다. 기업이 고객에게 제공해주는 청구서, 해피 콜(Happy call)이나 가입할 경우 제공받는 웰컴 키트(Welcome Kit), 온라인에서의 팝업창, 광고나 홍보를 통한 정보 접촉 등을 통해 경험하는 모든 것들이 해당된다.

그런데 이런 수동적인 경험을 고객에게 제공할 때는 신중해야 한다. 예를 들어 해피 콜의 경우에 종종 문제가 발생한다. 기업에서는 감사의 뜻으로 전화를 하지만 타이밍이 고객의 근무시간이나 회의와 겹쳤을 경우 '바쁘니 다음에 전화하라'며 거부하게 된다. 다시 전화했을 때도 같은 문제가 발생하면 고객의 짜증을 불러일으키기도 한다. 물론 이는 극단적인 예이지만 전화를 거는 시간이나 방법도 신중 해야 함을 이야기하는 것이다.

| | 능동적 경험 | 수동적 경험 |
|---|---|---|
| 내용 | 고객이 스스로, 적극적으로 기업에게 다가가면서 발생하는 경험 | 기업이 마련한 제도, 서비스 과정 등을 통해 고객이 겪는 경험 |
| 관심, 관여도 | 비교적 높은 수준의 자기 관여도와 관심 | 상대적으로 낮은 수준의 관여도와 관심 |
| 커뮤니케이션 | 발생 자체에서 양방향 커뮤니케이션이 가능, 상호작용 커뮤니케이션으로 발전시켜야 함. | 일방향 커뮤니케이션만이 발생하는 상황. 장치를 마련하여 양방향 커뮤니케이션으로 발전시켜야 함. |
| 중요성 | 중요성이 상대적으로 높다. | 중요성이 상대적으로 낮다. |
| 예 | 인 바운드 콜, 검색, 방문 등 | 아웃 바운드 콜, 광고, 팝업창 등 |

**경험의 종류**

또 수동적인 경험은 능동적인 경험과는 다르게 고객이 준비가 안 되어 있는 경우가 많다. 필요와 욕구가 없는데도 접촉을 해 온다면 고객에게 별 관심을 일으키지 못하는, 곧 구매에 별 상관이 없는 경험이 발생할 수도 있다는 얘기다. 그래서 수동적인 경험을 제공할 경우에는 고객의 필요나 욕구와 연결시키는 신중함이 전제되어야 한다.

능동적인 경험은 비교적 자기관여도가 높기 때문에 고객의 관심 수준도 높다. 그래서 적극성을 띈다. 반면 수동적인 경험은 상대적으로 자기관여도와 관심 수준이 낮을 수 있다. 이런 속성은 커뮤니케이션 상황에도 영향을 미친다.

능동적인 경험의 경우, 고객들이 우선 탐색을 하거나 문의를 하기 때문에 기업은 반드시 대답을 하거나 응대를 해야 한다. 따라서 양방향 커뮤니케이션이 필연적으로 발생한다. 이때 응대를 잘 하거나 관리는 잘 하면 상호작용 커뮤니케이션으로 발전될 가능성이 있다.

반면 수동적인 경험은 기업이 제공하는 것에 따라 경험이 이루어지므로 일방향 커뮤니케이션이 된다. 기업에서는 이를 양방향이나 상호작용 커뮤니케이션으로 발전시키려는 장치로 해피 콜이나 소비자 문의 전화, 사용 후의 소감이나 애프터 서비스 안내 심지어 세일즈 프로모션과 관련된 쿠폰, 마일리지 제공 등의 장치를 사용하기도 한다. 고객들이 반응하게 되면 고객정보가 늘어나게 되고, 양방향 커뮤니케이션이 되기 시작한다. 그러므로 고객들의 반응을 잘 활용하는 것이 중요하다.

## 고객경험관리를 위한 두 가지 고려사항

고객경험관리의 기본적인 생각은 고객들의 경험이 관리가 가능하다는 것이다. 그러므로 고객경험관리란 '고객들의 전체적인 경험을 전략적으로 관리하는 과정' 이라고 정의할 수 있다. 그리고 경험은 물리적인 실행력과 발생한 감정의 혼합이므로 경험관리를 위해서는 이 두 가지를 모두 관리해야 한다는 의식이 필요하다.

이때 물리적인 실행력이란 고객과의 접촉점에서 드러나는 기업의 실행력이므로 관리가 크게 어렵지는 않아 보인다. 반면 고객들에게 발생하는 감정이라는 것은 어떻게 관리해야 할지 어렵게 느껴진다. 그러나 쉽지는 않더라도 기업이 제공하는 물리적인 실행력과, 고객의 경험을 구성하고 있는 감정을 동시에 고려하는 것이 경험관리에서 필요하다. 물리적 실행력과 관련해서는 동선에 대한 생각까지, 감정 면에서는 고객이 바라는 것이 무엇인지에 대한 감정이나 느낌을 고려해야 한다.

# 동선에 대한 고려

'동선'이란 제품이나 서비스를 탐색·구매·사용하는 구매결정 과정이다. 뿐만 아니라 매장에 들어와서 나갈 때까지의 고객들이 움직이는 과정을 정리한 것이기도 하며, 고객들이 서비스를 받는 순서이기도 하다. 이 동선에 관련해서도 여러 가지 개념과 용어들이 있지만 모든 개념의 공통점은 '구매와 관련된 흐름'을 일컫는다는 것이다. 이와 관련된 개념들에는 무엇이 있는지 알아보자.

우선 '터치 포인트 매핑(Touchpoints Mapping)'이라는 용어가 있다. 이는 '터치포인트'라는 단어와 지도라는 뜻의 '맵(Map)'이 합쳐진 동명사형의 용어이다. 여기서 '터치포인트'는 접촉점의 또 다른 이름인데, 접촉점이 제 3자의 입장에서 보는 객관적인 관점이라면 터치포인트는 제 1인자인 기업의 입장이라는 차이가 있을 뿐이다. 그러니까 접촉점은 고객과 기업이 서로 접촉했다는 객관적인 입장의 관점이지만, 터치포인트는 '기업이 고객에게 다가가서 접촉 한다'는 능동적인 의미를 포함하고 있는 것이다. '매핑'이란 지도를 만든다는 것인데, 고객들이 제품이나 서비스에 대해서 경험하는 접촉섬들을 동선에 따라 구분하고, 그것을 전체의 지도처럼 설정한 것이라고 보면 이해하기 쉽다.

비슷하게는 '상호작용 매핑(Interaction mapping)'이라는 밀도 있다. 접촉점에서 고객과 기업이 상호작용을 한다고 이해하는 것이 조금 다를 뿐, 중요한 것은 고객들이 제품이나 서비스를 사용하는 동선에 따라서 주요한 접촉점들 찾아낸다는 공통점이다. 그래서 어떤 경우에 어떤 접촉점을 활용하는 것이 좋은가, 어떤 경우에 어떤 경험을 제공하는 것이 좋은가 하는 내용을 설명한다.

또 '커스터머 저니(Customer Journey)'라는 표현도 있다. 고객이 자사 제품이나 서비스를 이용하는 동선을 여행의 개념인 Journey를 이용하여 표현한 것이다. 앞장에서 예로 들었던 접촉점을 활용하는 스타벅스의 사례와, 접촉점들을 구매과정에 따라서 나열하였던 것을 상기해 보자. 구매과정에 따라 나열된 접촉점들에서 고객들은 제품이나 서비스를 만나게 되는데, 그런 과정을 커스터머 저니라고 표현하는 것이다. 커스터머 저니에서 파악된 접촉점들을 통해 커뮤니케이션을 하게 되면 그것이 IMC이고, 접촉점들을 경험의 발생 차원으로 이해하고 활용하면 경험관리가 된다.

## 플로리다 종합병원의 '인터액션 매핑'

다음 그림은 미국 노스웨스턴 대학의 앤드류 라제기(Andrew J. Razeghi)와 바비 캘더(Bobby J. Calder)' 교수가 소개한 '인터액션 매핑'이다. 인터액션 매핑은 브랜드에 대한 경험을 디자인하는데 도움이 되는 방법으로, 접촉점들을 바탕으로 만든 것이다.[29]

플로리다 올랜도에 있는 한 종합병원은 그 지역에 사는 유명인사들이 자신들의 병원을 이용할 경우를 위한 특별 서비스를 만들기로 했다. 병원은 이를 위해 디즈니월드의 도움을 받았다. 디즈니 월드는 디즈니랜드에서 고객들에게 경험을 제공하는 일에 익숙했기 때문에 그들의 자문이 도움이 될 것이라 판단한 것이다. 종합병원은 자문 내용을 통해 유명인사인 환자고객이 병원에 들어와서 치료받고 나가기까지의 동선에서 어떤 접촉점들이 있는지, 그런 접촉점들 중 병원에서 제공해주는 서비스는

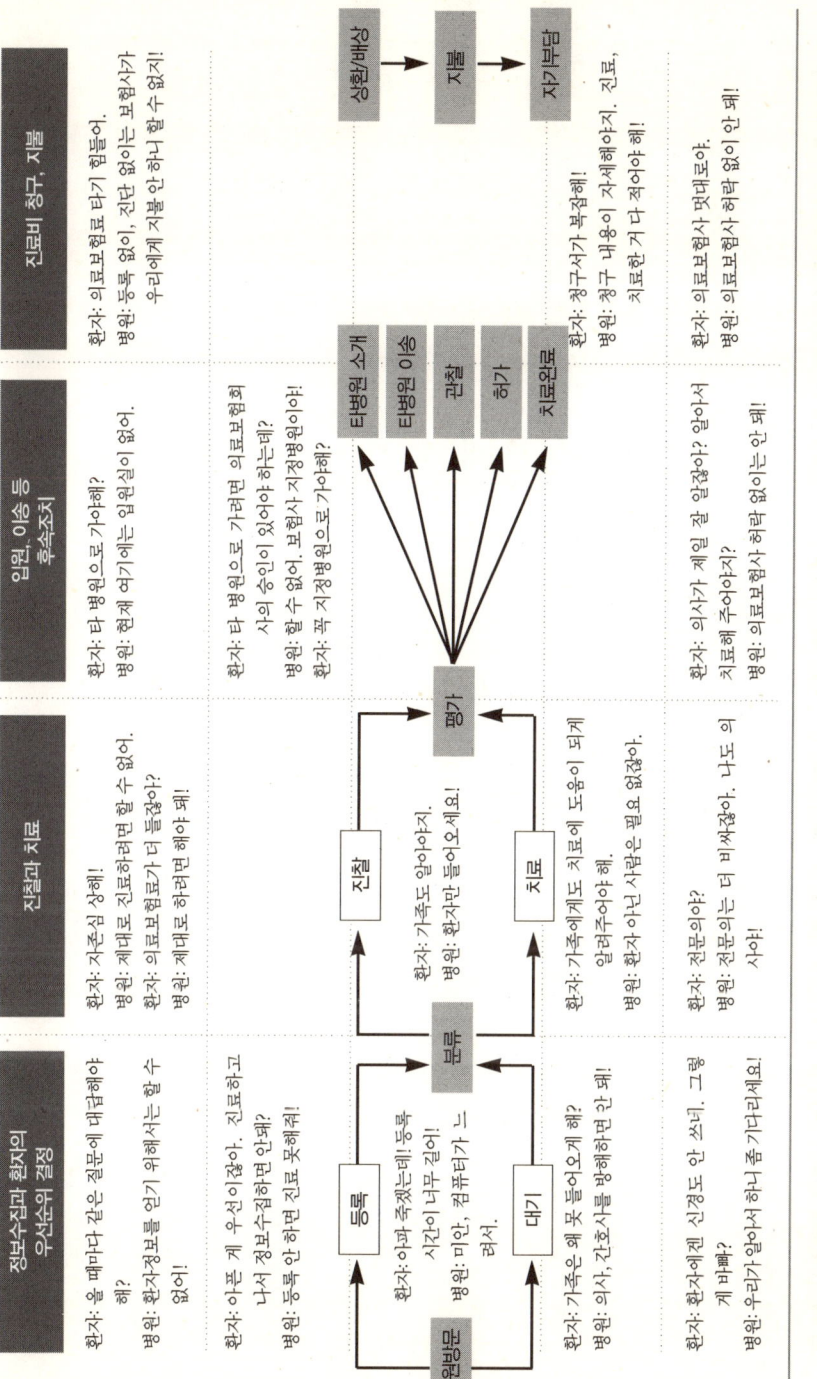

- 미국은 우리나라처럼 국가의 의료보험체계가 다니라, 개인이 의료보험회사에 가입해야 한다. 그래서 의료보험회사가 병원이나 약국을 지정하기도 하며, 진료나 치료의 범위를 정하기도 한다.
- 미국의 의사들은 1차 진료 및 치료를 하지만, 자신의 전문이 아닌 경우 타 병원으로 이송하기도 한다. 이때 보험사 허락이 따라야 한다.

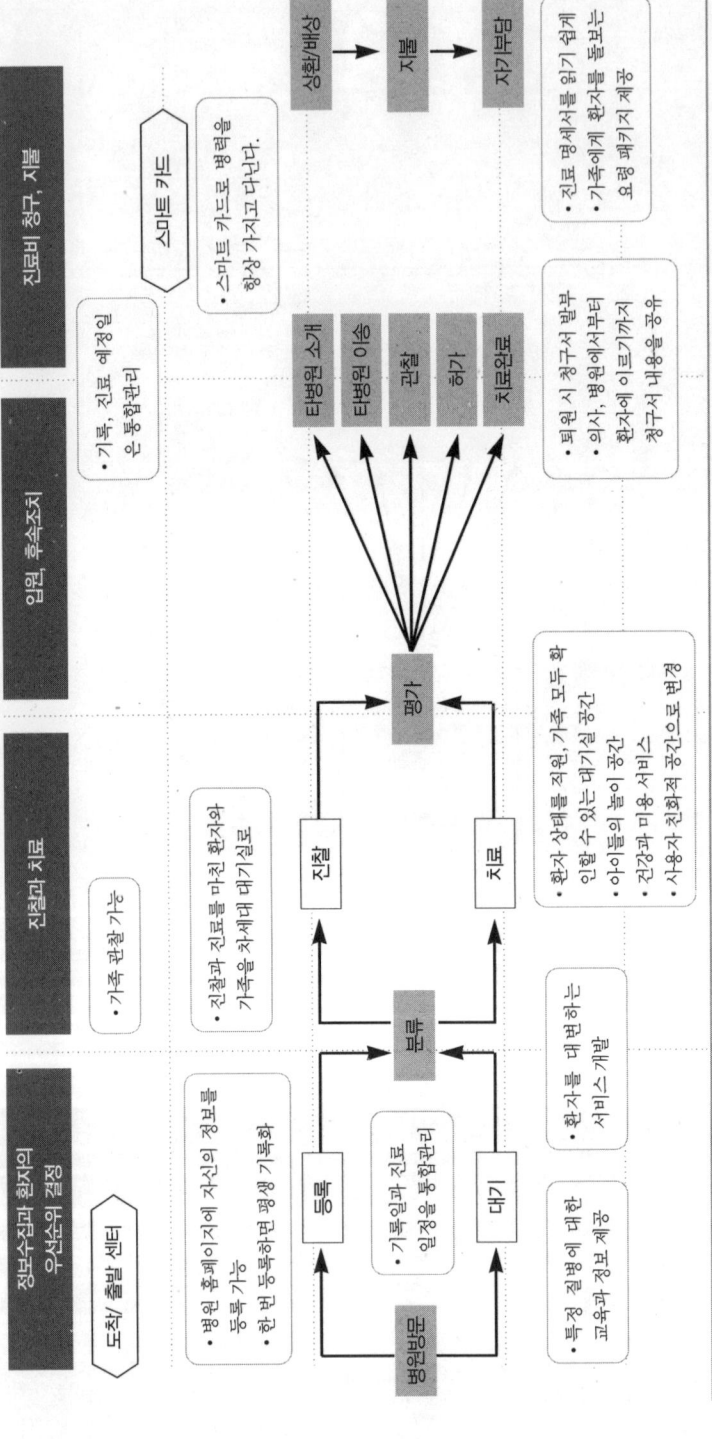

**정보수집과 환자의 우선순위 결정**

- **도착/출발 센터**

**진료와 지료**

- 가족 관찰 가능

**입력 후속조치**

- 기록, 진료 예정일 은 통합관리

**진료비 청구, 지불**

- **스마트 카드**
- 스마트 카드로 병력을 항상 가지고 다닌다.

병원방문 → 등록 → 분류 → 진찰 → 평가
대기 → 치료 → 평가

- 병원 홈페이지에 자신의 정보를 등록 가능
- 한 번 등록하면 평생 기록화

- 특정 질병에 대한 교육과 정보 제공

- 기록일과 진료 일정을 통합관리

- 환자를 대변하는 서비스 개발

- 진찰과 진료를 마친 환자와 가족을 자세하게 대기실로

- 환자 상태를 진단할 직원, 가족 모두 확인할 수 있는 대기실 공간
- 아이들의 놀이 공간
- 건강과 미용 서비스
- 사용자 친화적 공간으로 변경

상환/배상 → 지불 → 자기부담

티병원 소개
티병원 이송
관찰
하가
지료완료

- 퇴원 시 청구서 발부
- 의사, 병원에서부터 환자에 이르기까지 청구서 내용을 공유

- 진료 명세서를 읽기 쉽게 가족에게 환자를 돌보는 요령 패거지 제공

**스마트 카드 기능**

- 스마트 카드에 내장된 침어 정보 담기
- 환자와 병원이 정보 공유

**도착/출발 센터의 역할**

- 응급실과 일반 접수를 동시에 받음
- 스마트 카드를 이용한 접수
- 폐쇄회로를 통해 환자 진료 확인

무엇이며, 환자고객이 기대하는 바는 무엇인지를 파악했다.

우선 윗부분에 큰 네모상자가 4개 있다. 이것은 병원에 들어와서 나갈 때까지의 동선을 파악하고, 그것을 대표하는 이름을 붙인 것이다. 병원 측은 '환자의 정보 수집과 순서' → '검사와 치료' → '병원에서 이송' → '청구' 라는 네 가지 순서로 동선을 구분하였다. 그리고 밑의 작은 네모들은 중요한 접촉점들이다. 예를 들어 고객들은 건강문제가 생겼을 경우 병원에 와서 '등록' 을 하게 되는데, 그 등록 창구가 중요한 접촉점인 것이다.

또한 네모상자 사이의 대화체는 환자의 경험(Patient experiences)과 병원 측의 입장(Priovider Logic)을 설명하고 있다. 환자가 그 접촉점을 통해 어떤 경험을 하는지와 병원이 왜 그렇게 할 수밖에 없는지를 설명하고 있는 것이다. 예를 들어 병원에 등록을 할 때 환자는 '매번 올 때마다 같은 질문에 같은 대답을 또 해야 한다' 는 불편함을 말하고 있다. 이것이 환자의 경험이다. 이에 대한 병원의 입장은 '환자에 대해 보다 자세하고 정확한 정보를 받아야만 한다' 는 것이다.

위의 지도에는 이런 식으로 매 주요 접촉점마다 환자들의 경험과 병원 측의 입장이 함께 정리되어 있다. 이를 통해 접촉점에서 생기는 문제가 무엇인지, 고객인 환자들이 기대하는 바가 무엇인지를 찾아낼 수 있었다. 병원 측은 문제 해결을 위해 환자의 정보가 저장되는 동시에 병원비를 지불할 수 있는 스마트 칩이 내장된 신용카드를 만들었다. 이것으로 환자의 부정적 경험을 없애고 병원측의 필요를 동시에 만족시킨 것이다. 이처럼 주요 접촉점마다 고객들의 경험을 지도로 표현하여 정리한 것이 바로 '인터액션 매핑' 이다.

29. Andrew J. Razeghi & Bobby J. Calder, Using Interaction Maps to create brand experiences and relationships, (Kellogg on Intergrated Marketing, John Wiley & Sons, Inc) 2003. pp.39~47

## 감정에 대한 고려

여기서 얘기하는 '감정'이라는 요소는 앞에서 경험의 개념을 설명할 때 얘기했던 고객에게 발생하는 감정과 연결된 것이다. 고객의 감정을 고려한다는 것은 고객에게 발생한 감정은 무조건 살핀다는 것이 아니다. '기업이 의도했던 감정이나 느낌'이 나타났는지 아닌지를 파악한다는 뜻이다. 이는 기업의 성과측정의 중요한 지표이기도 하고, 기업이 의도한 경험이 발생했는가를 알아보는 기준이기도 하다.

감정은 사람마다 다르고 정의하기 어렵기 때문에 감정을 관리한다는 것은 참으로 어려운 일이다. 사실 감정을 관리한다는 표현 자체도 모호하다. 그럼에도 불구하고 고객경험관리에 있어서 고객의 감정을 관리한다는 것은 중요한 요소이다. 고객경험관리에서 말하는 '감정'은 접촉점 혹은 구매 과정이나 동선상의 어떤 단계에서 고객들이 느끼는 감정이나 느낌을 말한다. 이런 감정이나 느낌 중 부정적인 것을 없애거나 긍정적으로 바꿔주는 서비스를 제공하여 고객이 긍정적인 경험을 갖도록 하는 것이 바로 고객의 '감정에 대한 고려'이다. 오른쪽 그림은 온라인 검색으로 찾아 본 내용으로, 미국의 어느 항공사에서 고객경험관리를 위해 파악한 고객들의 느낌이나 감정을 기록한것이다.

### 항공사

항공사는 '공항에 도착하기, 체크인, 탑승전 대기, 탑승, 도착, 목적지로 떠나기'라는 6가지의 흐름으로 고객의 경험영역을 정의했다. 이는 앞서 설명했던 '커스터머

| | 공항에 도착 | 체크인 | 탑승 전 대기 | 탑승 / 비행 | 도착 | 목적지로 출발 |
|---|---|---|---|---|---|---|
| 감정·느낌 | • 스트레스<br>• 주차하기 힘드네!<br>• 이 많은 짐을 어이할꼬? | • 줄이 왜 이리 긴거야!<br>• 초조하다!<br>• 항공사 자기들 필요에 의해 줄 세우기 하는 거잖아! | • 빨리 타서, 발 뻗고 쉬고 싶어!<br>• 빨리 타야해. 할 일이 좀 있어. | • 비행기 좌석이란 원래 좀 좁은 거야.<br>• 오랫동안 움직이지 못하고 앉아있어야 돼.<br>• 조금 지겨워. | • 단정치 못하게 머리도 옷도 흐트러져 있겠지? 걱정이네. | • 낯선 곳이네.<br>• 목적지까지 차량이 밀리면 어쩌나? |
| **고객 경험** | | | | | | |
| 해결 서비스 방안 | • 공항까지 셔틀버스 운행<br>• 운전사가 짐을 내려주기 | • 신속·정확한 체크인<br>• 어디 있던지 항공사가 알 수 있는 서비스 | • 인터넷, 팩스를 이용할 수 있는 공간<br>• 살롱, 미용실, 마사지실<br>• 유흥거리나 오락실 | • 다리가 펴지는 좌석 또는 침대용 좌석<br>• 편안한 조명<br>• 탑승객 취향에 맞춘 음식 | • 화장이나 면도가 가능한 시설<br>• 옷을 다릴 수 있는 시설<br>• 신선한 아침 식사 | • 목적지까지의 리무진 서비스 |

**항공사 이용 과정**

저니' 의 개념과 동일한 것으로 보면 된다. 그리고 각 단계마다 고객들이 느낄 수 있는 감정이나 느낌을 다음과 같이 파악했다. 그리고 이를 해결할 수 있는 방법으로 고객에게 긍정적인 경험을 줄 수 있는 서비스를 기획하여 정리했다.

• 공항에 도착하기 : 스트레스, 제 시간에 도착하는지에 대한 걱정, 파킹, 무거운 짐에 대한 부담

– 공항까지의 교통편 제공하기, 운전사가 무거운 짐 날라주기

• 체크인 : 줄이 길어서 생기는 약간의 좌절감, 오로지 빨리 비행기에 오르고 싶은 조급함

- 체크인 수속을 빠르게 해주기,


• 탑승 전 대기 : "빨리 타고 싶다. 빨리 타서 좀 편안하게 있고 싶다"는 욕구.

- 인터넷이나 팩스를 사용할 수 있는 준비, 마시지나 미용실 등을 갖춘 라운지, 혹은

   여흥거리를 제공


• 탑승 : "오랫동안 앉아 있어야 하다니, 지겹고 심심하다. 항공기란 원래 불편한거

   지, 뭐"

- 거의 누울 수 있는 좌석, 은은한 실내조명, 고객이 선택할 수 있는 음식


• 도착 : "단정치 못한 나. 옷은 헝클어졌지, 샤워도 못했지…."

- 화장이나 면도시설, 옷을 정리할 수 있는 다리미, 여러 종류의 아침식사


• 목적지로 떠나기 : 익숙하지 않은 지리와 분위기,

- 개인 운전사 제공, 현관까지 모시기, 지역을 잘 아는 운전사 제공


   이 항공사는 이처럼 접촉점에서 고객이 느낄 수 있는 감정이나 느낌을 고려하고, 부정적인 느낌을 긍정적으로 바꾸려는 여러 가지 대안을 기획하였다. 실제로 이 기획을 모두 실행하였는지는 파악하지 못했으나 이렇게 감정을 고려한 대안을 제시한다면 고객의 불편함과 불만족이 개선될 것임을 추측할 수 있다. 분명한 것은 이러한 개선이 바로 고객경험관리의 일환이라는 사실이다.

# 고객경험관리를 위하여

　실제 고객경험관리란 어떻게 하는 것일까? 여기서는 고객경험관리를 하고자 하는 기업이나 담당자들을 위해서 몇 가지 요령을 설명하겠다. 이는 필자가 실제 고객경험관리를 하면서 생긴 요령들이며, 필자 회사의 컨설턴트들과 나눈 의견들을 정리한 것이기도 하다.

## 1. 어렵게 생각하지 말자

　고객경험관리를 아주 새로운 마케팅 업무라고 여기는 기업이나 담당자들이 많다. 하지만 꼭 그렇지만은 않다. 괜히 어렵게 생각하지 말자. 그저 지금까지 해온 기업 활동의 일부를 고객중심으로, 혹은 고객에게 긍정적인 감정이나 편의를 제공하는 것으로 바꾸어 생각하면 쉽다.

　실제로 요즘은 어떤 기업이던지 고객 중심적으로 생각하려고 하며, 고객의 만족을 더 크게 이끌어내기 위해 노력한다. 그 일환으로 조직이나 인력을 재배치 하는 등의 활동을 해왔다. 그런 활동들 중 고객들이 진정으로 바라고 있는 것을 찾아 긍정적인 경험을 줄 수 있도록 개선한다고 생각하면 더 쉽다는 것이다.

　현재 고객경험관리라는 이름으로 팔리고 있는 여러 솔루션들이 있다. 고객들에게 맞춤형 이메일을 보내는 것도 있고, 심지어 일정관리를 이용하여 고객관리를 하는 것에도 고객경험관리라는 이름을 붙이고 있다. 하지만 이런 활동들이 실질적으로 고객경험을 관리할 수 있는지 의문스럽다. 오히려 고객과의 커뮤니케이션을 도와주려는 솔루션들이 고객경험관리라는 이름으로 포장된 게 아닌가 싶다.

결론을 말하자면 새로운 솔루션을 찾으려 애쓰지 말고 현재 기업에서 사용하고 있는 솔루션들은 활용하라는 얘기다. 만약 CRM을 구축한 기업이라면 고객접점에서 고객에게 긍정적 경험을 주기 위한 솔루션을 별도로 구입할 것이 아니라 이미 사용하고 있는 CRM 솔루션을 활용하라는 얘기다. 이 장의 앞부분에서 설명했던 리츠칼튼 호텔의 예(175쪽 참고)를 명심하자. 리츠칼튼의 고객경험관리는 CRM과 연계되어 있다.

만약 새롭게 시작하는 기업의 경우라면 소비자나 고객이 바라는 경험이 무엇인지 조사하고 분석하는 일에 더 많이 투자하는 방향을 고려해보라. 즉, 지금 하고 있는 기업 활동의 연장선상에서 조금씩 개선해 나가면 되는 것이다.

고객들은 작은 일에 감동받는다. 고객경험을 긍정적으로 이끌어 내기 위한 개선 작업들은 거창하고 커다란 일들이 아니다. 실제로 필자의 회사에서 진행했던 경험관리 프로그램들의 경우 회사의 근간을 바꾸는 활동이 아니었다. 오히려 작은 부분들-고객들이 원하고 있었지만 겉으로 표현되지 못했던 점들, 이런 점을 개선하면 고객이 편리하겠구나 하고 판단되었던 점들, 이렇게 하면 고객이 좋아하겠구나-하는 점들이었다. 이런 부분들을 개선하는 과제들이 실제로 더 많았고, 성과도 거기서 얻을 수 있었다.

Carnegie Hall

뉴욕의 카네기 홀은 세계적인 명성을 지닌 공연장이다. 카네기 홀의 운영과 책임을 맡고 있는 '아이작 스턴' 은 바이올리니스트로서도 유명한 사람이다. 그는 카네기 홀을 명성에 걸맞게 개선해야겠다는 생각을 가지고 있었다. 그를 포함한 경영진 역시 카네기 홀을 개선하여 사람들에게 더 가까이 다가가고, 더 많이 사랑받으면서 기존의 세계적인 명성 또한 유지해야 한다고 생각했다.

경영진들은 카네기 홀이 단순한 공연장이 아니라 경험 그 자체라고 믿었다. 많은 청중들이 카네기 홀을 방문했을 때 이곳만의 독특한 경험을 겪을 수 있어야 한다고 생각했다. 그래서 집중적으로 분석한 것이 '청중들이 콘서트에서 얻는 경험은 무엇일까?', '청중들은 콘서트홀을 들어올 때와 나갈 때 무엇을 느끼는가?', '연주회 막간에 청중들은 무엇을 하는가?' 하는 부분이었다. 그들은 이러한 기준을 바탕으로 카네기 홀에 들어올 때부터 나갈 때까지 어떤 접촉점들이 있고, 고객들이 주요접촉점에 기대하는 바와 실제 경험하는 바의 차이를 분석했다.

그 분석을 바탕으로 개선을 시도한 결과, 변화된 것들은 의외로 아주 작은 부분이었다. 프로그램 안내 책자와 책자 안 글자의 크기를 조금 더 키우고, 객석의 조명을 좀 더 밝게 하는 것, 위층과 아래층을 오가는 엘리베이터의 속도를 좀 더 빨리 하는 것, 로비에 설치된 칵테일 바의 좌석을 더 많이 더 효율적으로 배치하여 휴식공간을 넓게 하는 것 등이었다.

## 2. 고객을 대면하는 직원들의 의견을 반영하자.

접촉점에서 고객들과 대면하는 직원들은 매우 중요하다. 앞에서 접촉점의 종류를 구분해 보면 상품과 서비스 영역, 시스템과 사람들의 영역, 그리고 커뮤니케이션 영역이라고 설명했다. 그런데 고객을 대면하는 직원들은 두 영역을 동시에 가지고 있다는 특성이 있다.

'고객대면'이란 고객과 커뮤니케이션을 하면서 동시에 제품과 서비스에 대한 정보를 전달하기도, 받아들이기도 하는 창구다. 이를 담당하는 고객대면 직원은 고객에게는 그 자체로 기업에 대한 경험이 되고, 기업에게는 고객에 대한 경험이 된다.

따라서 고객경험관리를 위해 고객으로부터 접촉점마다의 기대나 만족, 실제 경험의 내용 등을 파악하는 것도 중요하지만 동시에 고객을 대면하는 직원으로부터 의견을 듣는 것도 중요하다.

### 3. 가장 먼저 경험에 대한 기준을 가져라.

사람은 어떤 경험을 하게 되면 이 내용을 곧바로 지각하고 인식하여 머릿속에 각인시킨다. 그래서 잘 된 경험은 오랫동안 긍정적인 반응을 불러 일으킬 수 있다. 그러나 잘못된 경험은 치명적인 불만을 불러올 수도 있다. 따라서 고객이 긍정적인 경험을 할 수 있도록 평소에 관리하는 것이 중요하다.

문제는 기준이 없다면 관리가 어렵다는 것이다. 기업이나 브랜드가 지향하는, 또는 고객들에게 제공하고자 하는 경험이 무엇인지 그에 대한 기준이 명확히 서 있어야 한다. 이는 브랜드와도, 기업의 이미지와도 연결된 문제이다.

브랜드를 강하게 키우고자 경험관리를 고려하는 경우를 생각해보자. 이때 브랜드가 고객에게 제공하고자 하는 브랜드약속을 명확히 정의하거나, 혹은 브랜드 포지셔닝을 명확히 설정하라는 것이다. 그래야만 그에 따라 접촉점의 개선 방향을 설정하는데 효과적이다. 또한, 기업의 이미지와 관련시키려고 한다면 기업의 사명이라든지 기업이 지향하고자 하는 가치 등을 명확히 설정해두라는 것이다. 왜냐하면기업의 활동을 경험하는 접촉점들을 개선하는 방향성도 이러한 기준으로부터 비롯되기 때문이다.

# Chapter 06

# 다시 한 번
## 접촉점을 강조하며

접촉점을 활용하기 시작했다는 것은 고객중심사고를 가지고 기업 활동이나 마케팅을 시작했다는 뜻이다. 로열티 증대활동이나 통합된 마케팅 커뮤니케이션(IMC), 고객관계관리(CRM), 고객경험관리(CEM) 등은 고객중심 혹은 고객주도 사고를 실현하는 활동들이다. 이런 활동들의 근간에 고객과의 접촉점을 활용하고 관리하는 부분이 있다.

지금까지 이런 활동의 공동점이 되는 접촉점이 무엇인지를 실명했다. 또 접촉점에 대한 관점의 차이에 따라 이런 활동들이 어떻게 전개되는지도 실명했다.

이 장에서는 마지막으로 고객접촉점 활용을 위해 다양한 고개주도 혹은 고객중심활동을 전개할 때 알아두어야 할 몇 가지 조언을 하고자 한다.

# 기업은 투명한 어항 속 물고기

과거와는 달리, 요즘의 고객들은 다양한 커뮤니케이션 수단을 가지고 있다. 이를 통해 고객들이 커뮤니케이션의 주체가 될 수 있다는 점이 과거와는 매우 다른 점이다. 거의 모든 고객들이 휴대폰을 가지고 있고, 온라인을 사용하고 있으며, 블로그나 홈페이지 등을 이용하여 커뮤니케이션의 주체로 활동한다.

물론, 과거 고객들도 커뮤니케이션을 주체적으로 하기도 하였으나 그 수단은 편지나 유선전화 등으로 단순했다. 반면 지금의 고객들은 디지털 기술이 뒷받침된 다양한 수단을 이용한다는 점이 다르다. 과거의 고객들은 기업으로부터 메시지를 받는 수신자로서의 역할이 대부분이었지만, 지금의 고객들은 자신이 가지고 있는 커뮤니케이션 수단을 통해 다른 고객들은 물론 기업과도 커뮤니케이션을 하고 있다. 이런 커뮤니케이션을 통하여 고객들은 정보를 빠르고 넓게 공유하게 되었다. 그래서 궁극적으로는 고객들이 기업에 끼치는 영향도 다양해지고 강해졌다.

고객들이 기업에 끼치는 영향에는 여러 가지가 있겠지만 그중에서도 가장 큰 것은 기업을 투명한 어항 속의 물고기처럼 만든다는 것이다. 어떻게 고객들이 기업을 물고기로 만드는 것일까? 이를 설명해주는 것이 바로 고객들의 행동을 단순화시켜 설명해주는 SAS모델[30]이다. SAS모델은 다음과 같이 표현된다.

SAS : Search(검색 / 탐색) → Action(구매 및 구매 관련 행동) → Share(공유)

SAS의 각 단계에 대해 좀 더 자세히 알아보자.

- 검색 / 탐색 : 오늘날의 고객들은 자신의 필요와 욕구를 만족시킬 대안을 찾는데 능동적이다. 직접 찾을 수 있는 커뮤니케이션 수단을 가지고 있기 때문이다. 온라인에서 지식검색을 이용하여 제품 혹은 서비스에 대해 검색을 하기도 하고, 여러 제품이나 서비스를 서로 비교하기도 한다. 기업의 고객상담센터에 전화를 걸어서 궁금한 사항을 물어보거나 확인하기도 한다. 이런 모든 활동을 대표하는 말이 바로 '검색'이다.

- 구매 및 구매 관련 활동 : 오늘날의 고객들은 검색 후에 대안을 찾으면 그것을 직접 경험해본다. 제품을 구입해서 위해 주문을 하거나 예약을 하며, 구입하여 사용하기도 한다. 중간에 자신의 사정에 의해 주문을 취소하거나 예약을 취소하기도 하고, 구입한 제품을 반품하기도 한다. 제품을 사용하는 과정에서 문의가 있거나 필요한 정보가 있으면 다시 그런 정보를 탐색하고 다른 사람으로부터 경험을 구하기도 한다. 구매 및 구매 관련 활동이란 이런 모든 활동을 포함한다.

- 공유 : 구매나 구매와 관련된 활동을 그대로 두거나 자신에게서 멈추지 않고 정보화한다. 먹음직스러운 음식을 디지털 카메라로 찍어서

---

30. 구매행동 모델로 알려진 것이 AIDMA 이다. 인지(Awareness)−흥미(Interest)−욕구(Desire)−기억(Memory)−구매행동(Action). 이것에 대응하여, 오늘날에는 AISAS라는 모델이 소개되었다. 그중에서 SAS는 바로 검색−구매 및 구매관련 활동−공유이다.

홈페이지에 올리기도 하고, 주문이나 예약하는 과정에서 편리한 방법이나 요령을 함께 적어두기도 한다. 구입한 제품이나 서비스에 대한 정보, 사용 과정에서의 경험 등 모든 것들을 기록하여 홈페이지나 블로그에 올려둔다. 그러면 이와 관련된 키워드를 검색하는 다른 고객들이 이 정보를 공유하게 된다.

여기서 자신의 경험을 정보로 제작하여 홈페이지에나 블로그에 올려두는 것은 그나마 수동적이라고 할 수 있다. 반면에 탐색한 정보를 다른 사람에게 소개하고 전파하는 것은 능동적이라고 할 수 있다. 능동적이건 수동적이건 간에, 자신이 찾거나 경험한 것들을 다른 사람들과 공유하는 점에서는 공통적이다. 이 모두를 합쳐서 '공유'라고 한다.

고객들이 기업이나 브랜드에 관련된 정보를 검색하거나, 구매나 구매와 관련된 행동을 하는 것은 모두 접촉점을 통해서 이루어진다. 그래서 접촉점관리가 중요하다고 하는 것이다. 하지만 더욱 신경써야 하는 부분은 '공유'이다. 고객들이 커뮤니케이션의 주체가 된다는 것은 바로 공유의 주체가 된다는 의미다. 게다가 공유의 결과는 환원되어 다른 고객들에 의해 다시 탐색되는 순환과정을 거치게 된다.

공유과정에서도 영향력이 큰 사람들이 있다. 이른바 인적네트워크가 강하며 능동적이거나 수동적인 공유가 활발한 사람들이다. 보통 이렇게 영향력이 큰 사람들은 소수로, 별도로 있기 마련이다. 하지만 현재 우리나라의 경우 고객들이 이런 역할을 할 수 있는 커뮤니케이션 수단을 가지고 있다는 점, 그리고 많은 고객들이 실제 이런 역할을 하고 있다는 점에 주목해야 한다.

초고속 인터넷을 이용한 탐색, 정보 공유와 확산, 휴대폰의 전국민화 등이 이미 활발히 이루어지고 있다. 게다가 우리나라의 경우 전 국민이 같은 언어를 사용하며, 3~4명만 건너면 서로 연결이 될 정도로 국민 개개인의 연결성이 강하다. 만약 이러한 상황에서 잘못된 정보의 공유가 빠르게 확산된다면 이는 기업에 치명적이다. 반면에 긍정적 정보가 빠르게 확산된다면, 이는 기업이 생각하는 것 이상으로 도움이 되기도 한다.

**세 사람만 건너면 모르는 사람이 없다.**

우리나라 사람들은 모두 단군할아버지의 자손들이어서 서너 사람만 건너면 서로 모르는 사람들이 없다고들 한다. 같은 말로 미국에서는 여섯 사람만 건너면 서로 모르는 사람들이 없다는 이야기가 있다. 이것을 영어식으로 표현한다면 우리나라는 Three degree of Separation이 될 것이고 미국은 Six degree of Separation이 된다.

미국에서는 이러한 가설을 1960년대부터 지금까지 여러 가지 실험을 통해서 입증하였다. 1967년 하버드 대학교 스탠리 밀그램(Stanley Milgram)교수의 실험이 최초의 실험으로 알려져 있다. 밀그램 교수는 시골의 작은 마을인 네브라스카 주민 160명을 대상으로 "이 편지는 보스톤에 사는 증권브로커에게 전달되어야 할 편지입니다. 귀하께서 알고 계신 분들 중 이 사람에게 가장 근접히다고 생각히는 사람을 골라서 전달해주기 바랍니다"라면서 편지를 나누어 주었다. 160통의 편지 중 최종 42통이 전달되는데 성공했다. 몇 사람을 거쳐서 도착했는지 조사해보니 평균 5.5명이었다. 최근 컬럼비아 대학교에서 실시한 '작은 세상(Small world)' 실험도 같은 주제였다. 다만 온라인에서 전 세계 사람들을 대상으로 하는 더 넓은 반경의 실험이었다.

또 미국 대학생들 사이에서는 영화배우인 '케빈 베이컨(Kevin Bacon)'을 이용하는 게임이 유행한 적이 있다. 케빈 베이컨과 함께 같은 영화에 나온 배우는 케빈과 1단계(1촌으로 이해하면 쉽다), 케빈과 같은 영화에 나온 배우가 또 다른 배우와 함께 영화에 출연했다면 또 다른 배우는 케빈을 기준으로 2단계(2촌으로 보면 이해하기 쉽다)와 같은 식이다. 어떤 배우가 케빈을 기준으로 하여 몇 단계에 있는지를 알아맞히는 게임이다.

우리나라에서도 위와 비슷한 실험을 했다. 그 결과 2004년도 뉴스에서 우리나라의 수치는 3.4, 미국은 6.2라고 발표한 적이 있다. 여기서 중요한 것은 실험 자체가 아니라 '3.4'라는 우리나라의 인맥단계수치다. 결국 우리나라 국민들은 3.4명만 거치면 서로 다 연결된다는 뜻인데, 이러한 연결은 입소문 마케팅의 기본일 뿐만 아니라 SAS라는 과정에서 '공유'가 왜 중요한지를 증명해주는 것이다.

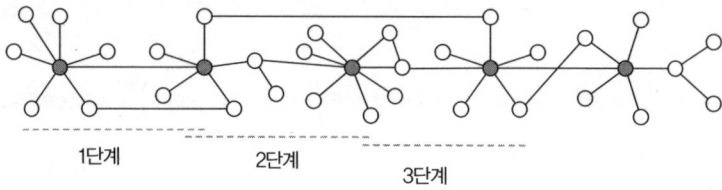

1단계　　2단계　　3단계

● Interaction Hub or Node : 중심적인 역할을 하게 되는 사람, 흔히 인맥 네트워크가 좋다고 불리는 사람
○ 사람·개인이 연결이 되는 강도. 점 사이의 길이가 길면 아는 정도가 약하고, 짧으면 강하다.

**네트워크와 단계**

다시 정리하자면 접촉점은 고객들이 기업에 대해서 정보를 받거나 전달하는 창구이면서 동시에 고객들이 기업의 활동을 경험하는 경로이다. 기업이 고객들에게 약속하는 내용, 기업이 고객들을 대하는 태도, 고객에 대한 기업의 입장 등 기업 활동 거의 전반에 대해 고객들이 실제로 겪어보는 경로가 바로 접촉점인 것이다. 때문에 접촉점에서 잘못된 정보를 받거나, 서투른 응대를 당하거나, 어설픈 경험을 하거나, 커뮤니케이션이 불명확할 때는 고객들은 서슴지 않고 다른 사람에게 자신의 부정적인 경험과 생각을 전파하고 공유하려 한다. 그러므로 접촉점을 관리하는 것은 이런 공유 효과를 고려할 때 매우 중요하다. 이 사실을 명심해야 한다.

또한 이러한 공유 활동은 고객들이 '(기업이)말하는 바와 (고객이)경험하는 바가 일치해야 한다'거나 혹은 '겉과 속이 같아야 한다'는 것을 기업에게 요구하는 결과를 가져왔다. 이른바 고객들의 힘이 커진 것이다.

이제 고객들은 기업이 제품이나 서비스에 대해 제공하는 정보를 그대로 믿는 것이 아니라 확인한다. 기업이 말하는 바와 고객의 경험 사이에 차이가 있거나 기대와 다르다면 긍정적이든 부정적이든 간에 그 내용에 대해 커뮤니케이션을 하는 것이다. 이러한 고객들의 행동에 의해 기업의 활동은 더 많은 사람들에게 전파되고 공유된다. 결국 기업은 투명한 어항 속을 헤엄치는 물고기의 상태처럼 언제나 고객들에게 노출되어 있다는 것을 명심해야 한다.


## '고객지향' 보다 '고객주도'

기업 활동이나 마케팅에서 지금까지 주로 회자되어왔던 말이 바로 '고객지향(Customer Oriented)'이다. 이는 고객의 욕구를 해결할 수 있는 제품이나 서비스의 개발에 초점을 맞춘 생각이다. 틀린 생각은 아니지만 앞에서 설명한 오늘날 고객들의 특성을 생각해보면 적절한 사고는 아니다. 기업의 입장에서 고객의 욕구에 맞추어 제품을 개발하거나 서비스를 제공해주면 된다는 사고방식은 당연하지만, 변화되는 고객의 특성을 감안하면 그것으로 충분하지 않다는 말이다.

오히려 제품과 서비스뿐만이 아니라 기업의 운영방식이나 체질도 변해야만 한다. 즉, 기업 체질의 변화까지 갈 때 고객지향이 완성된다는 것이다. 그래서 완성된 고객지향의 모습을 나타내는 용어로 '고객중심(Customer Centric)' 혹은 '고객주도(Customer Driven)'가 등장했다.

'고객중심'이나 '고객주도'란 제품이나 서비스를 고객이 원하는 대로 생산 및 공급만 하는 것만이 아니라, 이를 위해 기업의 조직이나 업무 과정 및 체질까지도 바꾸어야 한다는 생각이다. 또 고객의 필요와 욕구를 만족시키면 제품이나 서비스를 팔 수 있다고 생각하기보다 고객의 필요와 욕구를 해결할 수 있는 방안(솔루션)을 팔아야 한다고 생각하는 발상의 전환이다. 즉, 제품이나 서비스를 팔아서 이익을 내려는 것만이 목적이 아니라 고객의 욕구를 해결해 주면서 동시에 기업도 이익을 확보한다는 생각으로의 전환이다.

이 같은 전환의 출발점에는 '접촉점관리'가 있다. 여러 번 반복했듯이 기업의 입장에서 소비자나 고객을 이해하는 직접적인 창구의 역할을 하며, 동시에 고객에게 기업의 모든 것들을 전달하고 보여줄 수 있는 경로로서의 역할을 하는 것이 접촉점이다. 또한 소비자나 고객의 입장에서는 기업의 제품이나 서비스를 알 수 있는 창구이며, 기업에게 자신의 의견을 전달할 수 있는 경로이기도 하다.

앞에서 접촉점은 세 가지 영역으로 나뉜다고 했다. 제품과 서비스 영역, 사람과 시스템 영역, 그리고 커뮤니케이션 영역이다. 소비자나 고객들의 욕구와 필요 등에 맞추어 제품이나 서비스 영역을 개선하는 것이 '고객지향적 사고'라면, 사람과 시스템 그리고 커뮤니케이션 영역까지 세 가지 모두를 개선하는 것이 '고객주도' 혹은 '고객중심의' 사고인 것이다. 고객중심과 고객주도의 사고방식을 실천하기 위한 시작은 '고객과의 접촉점 관리'에 있다.

## 가치창조 활동을 위해서도 필수적인 접촉점 검토

오늘날 기업들은 '가치제고 활동'이나 '가치창조 활동'에 열심이다, '고객을 위한 가치창조'라는 엘지그룹의 경영방침이 오래전에 발표된 것임에도 불구하고 오늘날 비로소 주목받고 있을 정도다.

본래 '가치'란 말은 금전적인 값어치의 정도를 표현하는 용어이다. '고객가치'란 고객들이 기업에 기여하는 금전적인 정도를 말하며, 고객들의 생애가치(Lifetime value) 역시 금전적인 측면을 뜻한다. 기업 활동에서 '가치'란 표현은 대게 이렇게 금전적인 의미를 직접적으로 띄고 있다.

그런데 '고객을 위한 가치를 창조하자', '더 높은 가치를 제공하자', '구매할 만한 가치가 있는가', '소장할 만한 가치가 있는가' 등의 표현에서 쓰이는 '가치'는 조금 다르다. 오늘날 기업들이 고객들에게 제공하고자 하는 활동들의 '가치'에는 금전적인 의미만 들어 있지 않다.

그렇다면 여기에서의 '가치'는 무엇일까? 바로 품질과 비용을 대비한 결과이다. '가치가 있다', '가치가 높다'는 것은 품질과 비용을 고려했을 때 비용대비 품질이 좋거나 품질대비 비용이 낮은 상태를 말한다. 가치가 없다거나 낮다는 것은 그 반대이다.

다시 말해 기업이 고객을 위해 가치를 창조하자고 노력하는 것은 고객에게 비용대비 높은 품질을 제공하거나 품질대비 비용을 낮추자는 의미다. 그리고 이를 통해 기업의 이익을 극대화하려고 한다. 이러한 노력의 대부분은 품질과 비용을 구성하고 있는 요소들 중에서 본래적인 품질을 높이거나 본래적인 가격을 낮추는데 집중되어 있다. 따라서 가치제고 활동에서 품질을 높이려는 노력과 함께 비용을 줄이려는 노력을 경주하는 것은 당연한 일이다.

그런데 품질에는 제품의 품질만 있는 것이 아니고 비용에도 제품의 생산비만 고려 대상인 것은 아니다.

가치를 구성하는 품질과 비용은 단순한 구조가 아니므로 '총 품질'과 '총 비용'이라고 표현한다. 품질이나 비용을 구성하는 여러 하부 구성 요소들이 있고, 그것을 종합한 것으로서 '총 품질'이나 '총 비용'을 말하는 것이다. 그래서 가치를 높이는 활동은 총 품질 안에 포함된 하부 요소들의 각각 또는 전체를 향상시키려는 노력으로 나타난다. 총 비용에서도 마찬가지다. 포함되는 하부요소들의 각각 또는 전체를 줄이려는 노력으로 나타난다.

이러한 '가치제고 활동'이나 '가치창조 활동'의 전개에 있어서 접촉점은 매우 중요한 검토 요소다. 가치를 구성하는 하부 요소들과 연결되어 있기 때문이다. 가치를 구성하는 하부 요소들의 검토는 접촉점의 검토와 밀접한 관계가 있다는 뜻이다.

과연 하부요소들과 접촉점은 어떻게 연결되어 있을까? 고객과의 접촉점은 총 품질의 하부 요소 중 '서비스 품질', 총 비용의 하부 요소인 '획득시간 비용'과 밀접한 관련이 있다. '서비스 품질'이란 제품이나 서비스가 고객에게 제공되는 과정에서의 우수성을 말한다. 이러한 과정의 대부분은 고객접촉점이다. 그러므로 고객접촉점을 개선하는 것은 서비스 품질을 개선해서 가치를 높이고자 하는 활동과 같다. 또한 제품이나 서비스의 획득시간은 접촉점과 밀접한 관계가 있다. 고객접촉점이 잘 구성되어 있고 정보획득이나 탐색, 그리고 사용과정에서의 편리함과 연결되어 있는 경우 획득시간 비용은 매우 낮아진다. 그러므로 고객에게 가치를 제공하고자 하는 활동에서는 고객접촉점을 탐색하고 개선하는 관리활동이 반드시 포함되어야 한다.

## 가치에 대한 해석

가치는 그 어떤 것에 대해서 품질과 비용을 비교한 결과이다. 다음 페이지의 그림을 참고로 하여 자세히 알아보자.

가치는 총 품질을 총 비용으로 나눈 값이라고 할 수 있다. 즉, '가치가 있다'는 것은 비용대비 품질이 좋던지 혹은 품질대비 비용이 낮은 상태를 말한다. 그러므로 제품이나 서비스는 언제나 1 이상의 값을 지녀야 한다. 그래야 소비자나 고객들은 구입하거나 사용할만한 가치가 있는 것으로 여기게 된다. 만약 이 값이 1 이하이면 가치가 없다고 판단하고 사용하거나 구매할 가치가 없다고 판단하게 된다.

가치를 높이는 활동들은 모두 품질을 높이거나 혹은 비용을 낮추는 것과 관련되어

$$\text{가치} = \frac{\text{총 품질}}{\text{총 비용}} = \frac{\text{[본래적인 품질] + [서비스 품질] + [이미지 품질]}}{\text{[본래적인 가치] + [획득시간 비용] + [심리적 비용]}}$$

**총 품질 :**
- 본래적인 품질 : 제품, 서비스의 제원, 기능의 우수성,
- 서비스 품질 : 제품, 서비스가 고객에게 제공이나 전달되는 과정의 우수성
- 이미지 품질 : 제품, 서비스에 대한 이미지의 우수성. 브랜드 이미지

**총 비용 :**
- 본래적인 가격 : 제품이나 서비스의 가격대비 우수성, 낮은 생산비용 또는 운영비용
- 획득시간 비용 : 경쟁품 대비, 제품이나 서비스를 획득하는 기회비용
- 심리적 비용 : 심리적으로 받아 들일 수 있는 구매 가능한 예산범위

가치등식

있다. 가치사슬(Value chain)을 뜯어보면 모든 구성 요소들이 품질을 높이거나 비용을 낮추어서 마진을 크게 하는 것으로 집중되어 있는 것도 같은 이치다.

여기서 문제는 품질과 비용이 단순한 한 가지 항목이 아니라 여러 가지 요소로 구성되어 있다는 것이다. 이런 요소들을 전체적으로 포함하여 '총 품질'이나 '총 비용'이라는 말을 사용하는 것이다. 총 품질과 총 비용을 구성하는 것들은 다음과 같다.

- 본래적인 품질 : 제품과 서비스의 제원이나 기능의 우수성을 말한다. 품질 중에서 가장 중요한 요소이다. 본래적인 품질이 낮을 경우에는 아무리 노력한다고 해도 가치가 높아지지 않는다. 따라서 본래적인 품질을 높이고자 노력하는 것은 가치제고를 위해 노력하는 최고 중심에 있다고 할 수 있다.

- 서비스 품질: 제품이나 서비스가 고객에게 제공되는 과정의 우수성을 말한다. 이때 과정의 대부분이 고객접촉점이라는 것이 중요하다. 그러므로 고객접촉점을 개선하는 것은 서비스 품질을 개선해서 가치를 높이고자 하는 것과 동일하다.

- 이미지 품질: 고객이 제품이나 서비스가 약속하는 바, 혹은 그 브랜드가 약속하는 바에 대해서 '우수하다' 거나 '좋다' 라고 인지하고 있는 경우 이미지 품질이 좋은 것이다.

- 본래적인 가격 : 생산원가를 말한다. 제품이나 서비스의 가격이 경쟁품 대비 낮은 것을 우수하다고 하는데, 생산비나 운영비를 절감함으로서 낮출 수 있다. 총 비용에 있어서 가장 중요한 요소이다. 그러므로 비용을 낮추려는 노력은 가치제고를 위해 노력하는 최고 중심에 있다고 할 수 있다.

- 획득시간 비용 : 제품이나 서비스를 구입하고 사용하는데 들이는 시간에 대한 비용이나, 다른 제품이나 서비스를 포기하는데 들어가는 기회비용 등을 말한다. 그러므로 구입하기에 시간이 덜 들어가는 것, 즉 편리한 것을 가치가 높다고 판단한다. 접촉점을 개선해서 접촉을 쉽게 만드는 일은 획득시간을 줄이는 것과 관련이 깊다.

- 심리적 비용 : 고객은 '이 정도 비용이면 구매할 수 있다' 는 구매 가능한 예산범위를 가지고 있다. 뿐만 아니라 그 이상의 경우라 해도 ' 이 정도면 감수할 수 있다' 고 여겨지는 심리적인 범위도 있다. 그러므로 심리적인 비용이 낮아야 한다는 것은 구매한 제품이나 서비스의 가격이 구매 가능한 예산범위에 들어오던지 아니면 감수할 수 있는 심리적인 범위에 들어오던지 해야 함을 의미한다.

이러한 고객을 위한 가치창조 활동들이 전사 부문에 걸쳐야 하는 이유는 품질과 비용을 구성하는 구성요인들이 본래 전사 전 부분에 걸쳐 있기 때문이다.

# 고객과의 접촉은 정보의 보물창고

어떤 활동을 하는 데는 반드시 이유가 있기 마련이다. 그런 이유를 '동기(Motivation)'라고 한다. 혹은 '고객통찰력(Customer Insight)'이라는 말을 사용하기도 한다. '고객통찰력' 역시 '동기'와 같이 '어떤 행동이나 활동을 하는 이유'를 말한다. 차이가 있다면 동기는 겉에 드러나서 파악되기 비교적 쉬운 반면, 통찰력은 심리적으로 깊이 들어가 있어서 겉으로 잘 드러나지 않는다는 특성이 있다. 그래서 파악하기가 비교적 어렵다.

'동기'는 조사를 통해 파악할 수 있다. 일반적으로 설문조사나 심층면접조사를 이용해서 고객들의 동기를 찾고 파악한다. 실제 기업의 고객 연구에서 많은 부분의 동기가 이런 조사를 통해서 파악된다. 그런데 간혹 조사를 통해 파악된 동기와 실제의 동기가 다르거나 큰 차이를 보이는 경우가 발생하기도 한다. 이는 동기 조사의 대상이 되는 소비자나 고객들 혹은 실험 대상자들이 사실대로 대답거나 혹은 사실대로 진술하지 않기 때문에 생기는 결과이다. 대답하기가 불편하거나 쑥스러워서 사실과 다른 말을 하거나 혹은 조사하는 사람의 의도를 미리 파악하고 그런 의도에 맞추어 대답하기도 한다. 이 때문에 실제의 동기와 조사결과의 동기가 다르게 나타날 수 있는 것이다.

그런데 '고객통찰력'은 동기보다 더 조사하거나 파악하기가 어렵다. 조사를 이용하는 경우에도 동기 조사와 마찬가지의 이유로 잘못된 해석이나 결과가 나오기도 한다. 고객의 행동은 동기나 통찰력이 움직인 결과이다. 그래서 기업에서는 고객의 행동을 먼저 관찰하고 난 후에 그것을 바탕으로 동기와 통찰력을 거슬러 올라가 파악하는 방법을 쓰기도 한다.

실제로 관찰에 의한 동기나 통찰력 파악이 설문조사나 심층조사를 통한 것보다 정확할 때가 많다. 행동은 동기나 통찰력의 결과로 나타나는 것이어서 행동을 바탕으로 파악한 동기나 통찰력은 왜곡되는 경우가 비교적 적기 때문이다.

따라서 고객행동을 통해서 고객의 구매동기나 통찰력을 찾아보려고 할 때, 접촉점을 통해 파악하는 것이 설문조사나 심층조사보다 유효하다. 고객접촉점에서의 고객행동은 거짓이거나 왜곡되어 있을 확률이 그만큼 낮기 때문이다.

고객과의 접촉점을 통해서 들어오는 고객의 의견을 'VOC(Voice of Customer)'라고 하는데, 이런 고객의 의견은 다른 조사를 통해 얻는 의견보다도 소중하다. 기업의 개선활동에 도움이 되는 내용들이기 때문이기도 하지만, 고객의 능동적인 행동에서 나오는 표현이기 때문에 거짓이거나 왜곡되어 있을 확률이 낮다. 진실성이나 정확성에 있어서 더욱 소중하다고 할 수 있다. 마찬가지 이유로 접촉점에서 고객행동을 관찰하여 왜 그러한 행동을 하는지 파악하는 동기 조사는 설문이나 심층조사 방법을 통해서 하는 것보다 정확도가 높다.

**남자친구를 위하여!**

앞에서도 말했지만 고객들의 행동은 그들이 가진 '동기'나 '통찰력'이 움직인 결과이다. 그래서 설문조사나 심층조사보다 행동의 관찰을 통한 조사가 실제와 동기나 통찰력을 발견하는데 더 정확할 수 있다.

어떤 출판사에서 독서카드를 통해 고객의 구매동기분석을 해보고, 신간 서적에 대한 프로모션을 기획한 적이 있다(출판사의 허락을 얻지 못했으므로 실명을 사용하지 못하는 점을 양해 바란다. 뒤에 나오는 영화관 사례도 마찬가지다).

우리는 독서카드를 분석하여 좋아하는 장르에 '소설' 이라고 대답한 고객들만 선별했다. 그리고 그들에게 신간소설을 권유하는 메일을 보냈다. 하지만 반응 비율이 현저하게 낮았다. 그 이유는 해당 고객들이 실제로 좋아하는 장르는 소설이 아닌 경우가 더 많았기 때문이다. 고객데이터를 가지고 있는 대형 서점의 협조를 얻어 일부 고객들이 실제 구매한 서적을 확인해 보았다. 그 결과, 소설을 좋아한다고 대답한 고객들의 절반이 실제로는 소설 외에 다른 장르의 책들을 더 자주 구매한 결과를 관찰할 수 있었다. 이렇듯 실제의 대답과 행동은 다른 경우가 종종 발생하는 것이다.

반면 고객의 '행동' 을 조사하고 분석해서 이해하는 것은 앞에서처럼 고객의 의견을 그대로 받아들이는 것보다 오류가 적다. 이번에는 영화관 고객조사의 예를 들어보자. 필자의 회사에서 고객들이 주로 예매하고 구입해서 본 영화장르를 통해 고객을 이해하려는 전략을 가지고 조사를 진행했다. 여기서 재미있는 점을 발견했다. 여성고객들 중에서 액션영화를 예매하고 표를 구입한 고객들을 선별하였는데, 놀랍게도 그들의 상당수는 좋아하는 영화 장르로 드라마를 꼽은 사람들이었다. 그들을 대상으로 간단한 의견 조사를 해 보았더니 놀랍게도 스릴러나 액션을 별로 좋아하지 않는다는 여성회원들이 많았다. 이들은 왜 좋아하지 않는 액션 영화의 표를 예매하거나 구입했을까? 답은 단순했다. 이들은 액션 영화를 좋아하지는 않지만 같이 영화를 보는 애인이나 남자친구를 위해 표를 구입했던 것이다.

따라서 이런 여성회원들을 상대로 마케팅을 할 때는 새로 상영되는 영화를 프로모션 하기보다 영화관에서 남자친구와 즐거운 시간을 보낼 수 있는 방법이나 요령을 제안하는 것이 더욱 효과적이다. 여성회원들이 영화관에 오는 동기나 통찰력의 초점은 영화에 있는 것이 아니라 애인이나 남자친구에게 있기 때문이다.

이렇듯 고객들의 동기나 통찰력을 조사하고 파악하는 경우에는 소비자나 고객의 의견을 그대로 따르기보다 그들의 실제 행동을 파악하고 거꾸로 거슬러 올라가 진정한 동기가 무엇인지 해석해보는 것이 더 효과적이다.

## 한언의 사명선언문

Our Mission ─ ·우리는 새로운 지식을 창출, 전파하여 전 인류가 이를 공유케 함으로써 인류문화의 발전과 행복에 이바지한다.

─ ·우리는 끊임없이 학습하는 조직으로서 자신과 조직의 발전을 위해 쉼없이 노력하며, 궁극적으로는 세계적 컨텐츠 그룹을 지향한다.

─ ·우리는 정신적, 물질적으로 최고 수준의 복지를 실현하기 위해 노력하며, 명실공히 초일류 사원들의 집합체로서 부끄럼없이 행동한다.

Our Vision   한언은 컨텐츠 기업의 선도적 성공모델이 된다.

저희 한언인들은 위와 같은 사명을 항상 가슴 속에 간직하고
좋은 책을 만들기 위해 최선을 다하고 있습니다.
독자 여러분의 아낌없는 충고와 격려를 부탁드립니다.
· 한언 가족 ·

## HanEon's Mission statement

Our Mission ─ ·We create and broadcast new knowledge for the advancement and happiness of the whole human race.

─ ·We do our best to improve ourselves and the organization, with the ultimate goal of striving to be the best content group in the world.

─ ·We try to realize the highest quality of welfare system in both mental and physical ways and we behave in a manner that reflects our mission as proud members of HanEon Community.

Our Vision   HanEon will be the leading Success Model of the content group.